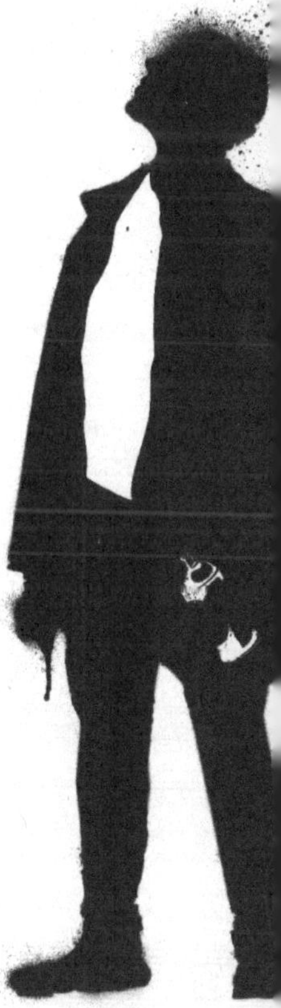

KAMAL RAVIKANT

LIEBE DICH SELBST, ALS HINGE DEIN LEBEN DAVON AB

Übersetzt von Antje Althans

Harper Collins

HarperCollins®

FSC MIX Papier FSC® C014496

1. Auflage: März 2020

Deutsche Erstveröffentlichung

Originaltitel: »Love Yourself Like Your Life Depends On It«
Erschienen bei: HarperOne, New York

Published by arrangement with
HarperOne, an imprint of HarperCollins *Publishers*, US

Umschlaggestaltung: HarperCollins Germany/Deborah Kuschel,
Artwork HarperCollins Publishers
Umschlagabbildung: GettyImages_locotearts,
robbin0919/Shutterstock_donatas1205, Ficus777
Satz: GGP Media GmbH, Pößneck
Printed in Germany
Dieses Buch wurde auf FSC®-zertifiziertem Papier gedruckt.
ISBN 978-3-95967-486-7

www.harpercollins.de

Für James, Kristine, Sajid, Sal Sydney und Gideon.
Ihr habt dieses Buch verwirklicht. Ich danke euch.

WARUM DIESES BUCH LESEN?

Um ein Haar hätte ich *Liebe dich selbst, als hinge dein Leben davon ab* gar nicht veröffentlicht. Ich hatte eine Riesenangst davor. Hier war ich nun, ein CEO, für den nach dem Bankrott seiner Firma die Welt zusammengebrochen war, und schrieb ein Buch darüber, wie Selbstliebe mich gerettet hatte. Wahrscheinlich machte ich mich zur Lachnummer und verpasste meiner Karriere den Todesstoß.

Doch ich habe mich meinen Ängsten gestellt und meine Wahrheit mit der Welt geteilt. Was dann geschah, veränderte mein Leben.

Das Buch ging viral und verbreitete sich rasend schnell. Wunderbare Menschen überall teilten es online und in den sozialen Medien. Sie verschenkten es an Freunde und Verwandte. Sie schrieben begeisterte Rezensionen. Für einige von ihnen war es ein Lebensretter. Andere liebten sich nach der Lektüre zum allerersten Mal selbst.

Wenn ich daran denke, wie kurz davor ich war, meinen Ängsten nachzugeben. Eine wichtige Lektion fürs Leben.

Viele Leser kontaktierten mich und berichteten mir, wie sie meine Ratschläge umgesetzt hatten. Sie stellten Fragen, die mir etwas klarmachten. Was ich an sie weitergegeben hatte, reichte ungeachtet des Erfolges noch nicht aus. Um eine bleibende Wirkung zu erzielen, musste ich tiefer gehen und noch mehr von mir preisgeben. Ich war es diesem Buch schuldig. Ich war es allen schuldig, die es lesen würden.

Sieben Jahre nach der Erstveröffentlichung des Textes liegt es nun vor. Alle Fragen, die mich erreicht haben, werden darin geklärt. Wenn ihr das Buch zu Ende gelesen habt, werdet ihr nicht nur darauf eingeschworen sein, euch selbst zu lieben, sondern auch genau wissen, wie ihr es bewerkstelligt. Und was am allerwichtigsten ist, wie ihr es auf Dauer tun könnt.

Teil I, »Der Schwur«, ist die Originalversion in einer erweiterten Fassung – alles, was ich mir damals gewünscht hatte, als ich am Boden lag. Ganz sachlich, ohne jeden Schnickschnack. Nur die einfache und praktische Wahrheit. Ihr könnt es lesen und euer Leben umkrempeln.

Teil II, »Die Anleitung«, ist neu. In ihr ist die Praxis der Selbstliebe dargelegt, die ich im Laufe der Jahre verfeinert habe. Im Anschluss zeigt sie euch, wie ihr Selbstliebe auf die nächste Ebene hebt. Alles hier ist unkompliziert und effektiv. Kurz gesagt: ein Schritt-für-Schritt-Ratgeber, wie man sich selbst liebt. Noch etwas, wovon ich wünschte, es hätte mir damals jemand in die Hand gedrückt.

Teil III, »Die Lektion«, ist das Protokoll einer Zeit, in der ich am Boden lag. Darin lege ich offen, wie ich alles aus diesem Buch umgesetzt habe, um zu gesunden und wieder aufzustehen. Ihr werdet meine innere und äußere Reise mitverfolgen, was ich richtig gemacht und welche Fehler ich begangen habe. Da wir aus Geschichten oft am besten lernen, wird euch das Miterleben meiner Verwandlung helfen, euch selbst zu verwandeln.

Ich teile mein Leben in die Zeit vor und nach meinem Schwur, mich selbst zu lieben. Ich kann mir keine bessere Lebensweise vorstellen. Versucht es bitte. Es funktioniert.

TEIL I

DER SCHWUR

WIE ES BEGANN

Im Dezember 2011 nahm ich am *Renaissance Weekend* in Charleston, South Carolina teil. Nicht das, was Sie denken – keine Ritterturniere oder holden Jungfern. Stattdessen eine exklusive Konferenz mit Führungskräften aus dem Silicon Valley und aus New York, mit Hollywood-Typen aus Los Angeles und Politikern samt Mitarbeiterstab aus Washington, DC. Es läuft ähnlich ab wie bei TED-Talks, nur ist jeder dazu angehalten, an Diskussionsforen teilzunehmen oder eben einen Vortrag zu halten. Bei der Anmeldung wird nach Auszeichnungen und Würdigungen gefragt und als Beispiel der Nobelpreis angegeben. Wirklich wahr.

Ich habe keine nennenswerten Auszeichnungen vorzuweisen. Auch keine Ahnentafel. Keine klingenden Firmennamen wie Goldman Sachs oder Morgan Stanley auf meiner Visitenkarte. Als der Begründer der Veranstaltung mich vor meinem Vortrag dem Publikum vorstellte – das mir zugeteilte Thema lautete: »Wenn ich tun könnte, was ich wollte …« –, sagte er: »Kamal kann nicht still sitzen. Ob als Infanterist in der US-Armee, beim Bergsteigen im Himalaya oder wenn er ganz Spanien auf einem historischen Pilgerweg durchwandert, er ist immer in Bewegung.«

Er hatte gut recherchiert. An den Rest erinnere ich mich nicht, nur an seinen letzten Satz: »Er wird uns bestimmt etwas Interessantes zu berichten haben.«

Ich hatte genau zwei Minuten, um aufs Podium zu steigen und mich an ein Publikum zu wenden, das aus Wissenschaftlern, Pentagon-Amtsträgern, Politikern und CEOs bestand – allesamt viel qualifizierter als ich, um über so gut wie alles zu sprechen. Mein Vorredner war der jüngste Student, der je seinen Abschluss am *Massachusetts Institute of Technology* gemacht hatte. Natürlich mit Auszeichnung.

Es ist interessant, was einem in solchen Momenten durch den Kopf geht. Die Zeit verlangsamt sich, ja. Es war fast schon ein Klischee. Es gibt nur noch das Podium und das Mikrofon. Man steigt hinauf. Man erkennt das Publikum nur noch verschwommen, wie unscharf eingestellt. Die Uhr tickt.

Und dann wusste ich, was ich tun würde. Ich würde den Menschen etwas bieten, das niemand sonst ihnen bieten konnte. Meine Wahrheit. Etwas, das ich nur aus persönlicher Erfahrung gelernt hatte. Etwas, das mich gerettet hatte. Ich sah das Publikum jetzt wieder scharf.

»Wenn ich tun könnte, was ich wollte«, sagte ich ins Mikrofon, »würde ich das Geheimnis des Lebens mit der Welt teilen.« Gelächter aus dem Publikum. »Ich habe es erst vor wenigen Monaten ergründet.«

In den folgenden zwei Minuten sprach ich über den Sommer zuvor, als ich sehr krank gewesen war und kaum aus dem Bett aufstehen konnte. Die Firma, die ich vor vier Jahren aus dem Nichts aufgebaut hatte, war in Konkurs gegangen, ich hatte gerade eine Trennung durchgemacht, und eine liebe Freundin war plötzlich gestorben.

»Zu behaupten, dass ich deprimiert war«, sagte ich, »wäre die Untertreibung des Jahres gewesen.«

Ich erzählte ihnen von dem Abend, an dem ich noch spät wach war, auf Facebook herumsurfte, mir weinend Fotos meiner verstorbenen Freundin anschaute, mich nur noch elend fühlte und sie vermisste. Ich erzählte ihnen davon, wie ich am nächsten Morgen aufgewacht war und es nicht länger ertragen wollte, und von dem Schwur, den ich ablegte, und wie er alles veränderte. Innerhalb von Tagen ging es mir besser. Körperlich und seelisch. Doch was mich überraschte, war, wie mein Leben von ganz allein besser wurde. Innerhalb eines Monats hatte es sich vollkommen verwandelt. Dabei war die einzige Konstante der Schwur, den ich abgelegt hatte, und dass ich mich an ihn gehalten hatte.

Nach dem Vortrag und bis zum Ende der Konferenz nahmen mich Leute beiseite und sagten mir, wie viel es ihnen bedeutete, wovon ich berichtet hatte. Eine Frau sagte mir, ihr sei, während sie im Publikum saß und mir zuhörte, klar geworden, dass sie genau aus dem Grund hergekommen war. Dabei hatte ich nicht mehr getan, als eine Wahrheit, die ich erfahren hatte, mit anderen zu teilen.

Einen Monat später machte ein Freund von mir eine schwierige Phase durch. Also schrieb ich rasch auf, was ich in jenem Sommer getan hatte, und schickte es ihm. Es half ihm sehr. Monate später mailte ich es James Altucher, meinem Lieblingsblogger, der zugleich ein lieber Freund von mir ist. Er antwortete mir und bot mir an, es als Gastbeitrag auf seinem Blog zu bringen.

Natürlich lehnte ich ab.

Um ehrlich zu sein, ich wurde panisch. Viele meiner Freunde lasen diesen Blog. Ich bin Unternehmer im Silicon Valley. Es ist okay, wenn ich Artikel über Start-ups verfasse. Aber über so was?

Aber du musst, schrieb James zurück. *Das ist die einzig wichtige Nachricht.*

Ich vertraute ihm meine Befürchtungen an. Was würden die Leute denken? Seine Antwort lautete – und ich werde sie nie vergessen und ihm ewig dankbar dafür sein –: *Ich poste inzwischen keinen Beitrag mehr, bei dem ich mir* keine *Sorgen mache, was die Leute von mir denken könnten.*

Also trafen wir eine Abmachung. Ich hatte Notizen darüber aufbewahrt, was ich gelernt hatte, über meine Praxis, meine Erfolge und Misserfolge. Ich würde das alles zu einem Buch zusammenstellen und es ihm schicken. Wenn es ihm gefiele, würde ich es veröffentlichen.

Und hier sind wir nun.

WORUM GEHT ES?

Liebe dich selbst. Es ist der Satz, den deine Mutter dir gesagt hat, den Selbsthilfebücher so oft wiederholen, dass er schon zum Klischee geworden ist. Aber es gibt einen Unterschied. Dies ist kein Lippenbekenntnis. Es geht nicht zum einen Ohr rein und zum anderen wieder raus. Es ist das, was ich aus eigener Erfahrung gelernt habe und was mich meiner Überzeugung nach gerettet hat. Und es geht noch um mehr als das, nämlich darum, wie ich es in Angriff genommen habe. Vieles davon ist so einfach, dass es schon idiotisch erscheint. Aber in Einfachheit liegt Wahrheit. In Einfachheit liegt Macht.

Ich möchte mit dem ersten Entwurf starten, den ich meinem Freund geschickt habe. Es sind meine gesammelten Gedanken über all das, was ich gelernt habe, was funktioniert hat und was nicht. Was mir gelungen ist und woran ich jeden Tag scheitere.

Wie mich ein kluger Freund stets gern erinnert, handelt es sich um eine Übungspraxis. Du gehst nicht nur ein einziges Mal ins Fitnessstudio und denkst, damit hat es sich getan. Genauso ist es hier auch. Meditation ist Übung. Sport zu machen ist Übung. Sich selbst zu lieben, vielleicht das Allerwichtigste, ist Übung.

Die Wahrheit lautet, dich selbst mit derselben Intensität zu lieben, mit der du dich an einer Klippe hochziehen würdest, an die du dich nur noch mit den Fingerspitzen klammerst.

Als hinge dein Leben davon ab. Sobald du diesen Weg gehst, ist es nicht schwer. Du brauchst den Entschluss, es zu tun, und ich lasse dich daran teilhaben, wie ich es geschafft habe.

Für mich war es eine Transformation, und ich weiß, es wird dich genauso verändern.

DER ANFANG

Ich war in schlechter Verfassung. Todunglücklich. Es gab Tage, an denen ich mit zugezogenen Vorhängen im Bett lag, während der Morgen draußen allmählich zur Nacht und wieder zum Morgen wurde und ich mich einfach mit nichts befassen wollte. Nicht mit meinen Gedanken. Mit meiner Krankheit. Mit meinem Kummer. Mit dem Zusammenbruch meiner Firma. Mit ... dem ... Leben.

Folgendes hat mich gerettet.

Ich hatte meine Schmerzgrenze überschritten. Ich erinnere mich gut. Ich konnte nicht mehr. Ich war fertig. Fertig mit allem. Mit dieser Trauer, diesem Schmerz, dieser Angst, diesem Ich-Sein. Ich hatte es satt, ich war fertig.

Fertig. Fertig. Fertig.

In dieser Verzweiflung stieg ich aus dem Bett, wankte an meinen Schreibtisch, schlug mein Notizbuch auf und schrieb:

> *An diesem Tag schwöre ich mir selbst, mich zu lieben, mich wie einen Menschen zu behandeln, den ich zutiefst und aufrichtig liebe – in meinen Gedanken, in meinem Tun, in den Entscheidungen, die ich treffe, in den Erfahrungen, die ich sammele, in jedem Moment, in dem ich bei Bewusstsein bin, treffe ich die Entscheidung: ICH LIEBE MICH SELBST.*

Mehr gab es nicht zu sagen. Wie lange ich zum Niederschreiben brauchte? Weniger als eine Minute. Aber es fühlte sich so intensiv an, als würde ich die Worte durchs Papier ritzen, in die Schreibtischplatte hinein. Ich war von mir selbst angewidert. Ich liebte einen anderen Menschen, aber was war mit mir? Von nun an würde ich mich nur auf diesen einen Gedanken konzentrieren. Für mich.

Wie ich mich selbst lieben sollte, wusste ich nicht. Ich wusste nur, dass ich mir etwas geschworen hatte – etwas, das viel größer war als ein Wunsch oder ein Verlangen, eine Idee oder ein Vorsatz. Ein Schwur. Ich würde mich voll reinknien oder beim Versuch draufgehen. Dazwischen gab es nichts.

In meinem Schlafzimmer, im Dunkeln, in einer Stadt, die keinen Schimmer von meiner Entscheidung hatte, begab ich mich also daran, mich selbst zu lieben.

Ich hatte keine Ahnung, was ich tun sollte. Deshalb tat ich das Einfachste, was mir einfiel. Und was wichtig ist: etwas, das ich tun konnte, egal, wie schlecht ich mich fühlte. Ich fing an, mir zu sagen: *Ich liebe mich selbst.* Ein Gedanke, den ich immer wieder wiederholte. Zuerst lag ich stundenlang im Bett und sagte: *Ich liebe mich selbst, ich liebe mich selbst, ich liebe mich selbst, ich liebe mich selbst, ich liebe mich selbst …*

Natürlich schweiften meine Gedanken in alle Himmelsrichtungen ab, doch immer, wenn ich es bemerkte, kam ich darauf zurück, zu wiederholen: *Ich liebe mich selbst, ich liebe mich selbst, ich liebe mich selbst, ich liebe mich selbst …* und so ging es weiter.

Zuerst im Bett, dann beim Duschen, dann, wenn ich online war, dann im Gespräch mit jemandem, immer sagte ich mir in Gedanken: *Ich liebe mich selbst, ich liebe mich selbst, ich liebe mich selbst, ich liebe mich selbst.* Es wurde mein Anker, das einzig Wahrhaftige.

Dann fügte ich alles hinzu, was funktionieren könnte, und wenn es das tat, behielt ich es bei. Wenn nicht, rangierte ich es wieder aus. Im Handumdrehen hatte ich eine einfache Übung geschaffen, die meine Selbstliebe auf eine ganz neue Ebene hob. Ich setzte alles auf eine Karte. Es gab kein Zurück mehr.

Mir ging es immer besser. Mein Körper gesundete schneller. Mir wurde leichter ums Herz. Doch was ich nie erwartet oder mir vorgestellt hätte: Mein Leben wurde besser. Aber nicht einfach nur besser, sondern es geschahen abenteuerliche Dinge, die für mich eigentlich unerreichbar waren, Dinge, die ich mir nie erträumt hätte. Es war, als würde das Leben mir sagen: »Endlich, du Trottel. Jetzt zeig ich dir, dass du dich richtig entschieden hast.«

Menschen traten in mein Leben, Chancen ergaben sich, ich ertappte mich dabei, wie ich das Wort »Magie« benutzte, um zu beschreiben, was geschah.

Und während der ganzen Zeit wiederholte ich im Geiste immer wieder: *Ich liebe mich selbst, ich liebe mich selbst, ich liebe mich selbst.* Ich übte weiter.

In weniger als einem Monat war ich gesund, ich war wieder fit, ich war glücklich, ich lächelte. Fantastische Menschen traten in mein Leben, Probleme erledigten sich von allein.

Und die ganze Zeit über, ob ich am Computer saß oder in einem Meeting, sagte ich mir in Gedanken: *Ich liebe mich selbst.*

Ehrlich gesagt glaubte ich anfangs nicht, dass ich mich selbst liebte. Wie viele von uns tun das schon? Aber was ich glaubte, spielte keine Rolle. Wichtig war, es zu tun, und ich tat es auf die einfachste Art und Weise, die mir möglich war: Indem ich mich immer und immer wieder und immer wieder auf diesen einen Gedanken konzentrierte, bis er sich mir eingeprägt hatte.

Stell es dir einmal vor. Stell dir vor, du ertappst dich plötzlich dabei, wie du dich völlig mühelos selbst liebst. Es ist, als würde man einen Sonnenuntergang gerade noch so aus den Augenwinkeln erhaschen. Es wird dich innehalten lassen.

WARUM LIEBEN?

Warum nicht »Ich mag mich selbst« oder »Ich akzeptiere mich selbst«? Warum bloß, warum nur muss es ausgerechnet »lieben« sein?

Meine Theorie ist folgende: Weil wir schon als Baby Liebe erfahren, kennt die Seele das Gefühl auf einer elementaren, sogar archaischen Ebene. Deshalb hat »Liebe« anders als die meisten Worte die Fähigkeit, sich am Bewusstsein vorbei ins Unbewusste zu schleichen, wo Wunder geschehen.

Und wenn ich mir nicht glaube, dass ich mich selbst liebe? Macht nichts. Deine Rolle besteht darin, nach und nach den Pfad zu ebnen, um die Verbindungen deiner Neurone zu verstärken. Das Gehirn verfügt bereits über eine starke neuronale Verschaltung für die Liebe. Der Körper kennt sie auch. Er weiß, dass Liebe ihn ernährt, dass Liebe sanft ist und uns annimmt. Er weiß um die Heilsamkeit der Liebe.

Deshalb musst du dich darum nicht kümmern. Dein Job ist nur, dich selbst zu lieben. Zutiefst und aufrichtig. Fühl es. Immer wieder. Mach es zu deinem einzigen Fokus. Körper und Geist werden automatisch darauf ansprechen. Sie haben gar keine andere Wahl.

Und hier ist das Beste daran, was mich beim Schreiben direkt zum Lächeln bringt: Indem du dich liebst, liebt das Leben dich zurück. Es kann einfach nicht anders. Wie es funktioniert, kann ich nicht erklären, aber ich weiß, dass es wahr ist.

Wenn ihr euch also dabei ertappt, wie ihr euer Leben als *magisch* beschreibt, habt ihr verstanden, worüber ich spreche.

DIE ÜBUNG

Ich habe aufzuschlüsseln versucht, was für mich funktionierte. Und wie man es wiederholen kann. Es läuft auf vier Dinge hinaus, die ich euch zeigen möchte:

1. Die Gedankenschleife
2. Eine Meditation
3. Der Spiegel
4. Eine Frage

Alle vier Punkte bringen mich behutsam auf den Weg zur Selbstliebe zurück. Das ist das Schöne an der Übung. Sie ist simpel, sie ist praktisch, und die Ergebnisse sind weit bedeutender, als ihr euch vorstellen könnt. Denn wenn du dich selbst zutiefst und aufrichtig lieben würdest, beschränkst du dein Leben dann auf das, was du zuvor für möglich gehalten hast? Nein. Du würdest dich selbst von den Socken hauen.

Es gibt nur eine Voraussetzung. Der leidenschaftliche Entschluss, sich selbst zu lieben. Ich befürchte, den können wir uns nicht ersparen. Und wenn ich nicht glaube, dass ich mich lieben oder – verflucht noch mal – auch nur mögen kann? Macht nichts. Wenn du es dir erarbeiten musst, ist das okay. Die Übung wirkt auf eine Art und Weise, für die das Gehirn angelegt ist. Das Gehirn hat keine andere Wahl, als sich anzupassen und zu reagieren.

Sei einfach offen für die Möglichkeit, dich selbst zu lieben. Der Rest ist leicht.

FENSTER

Dunkelheit ist die Abwesenheit von Licht. Wenn ihr das im Hinterkopf behaltet, wird es euer Leben verändern. Wie es meins verändert hat. Auf diesem Prinzip basiert die Übung.

Alle negativen Gedanken sind Dunkelheit. Wie du sie beseitigst? Kämpft man gegen Angst und Sorgen an? Verdrängt oder ertränkt man Trauer und Schmerz? Klappt nicht.

Stell dir stattdessen vor, du bist in einem dunklen Raum und draußen ist es hell. Dein Job besteht darin, ans Fenster zu gehen, ein Tuch hervorzuholen und anzufangen, es zu putzen. Nur zu putzen. Und schon bald kommt naturgemäß Licht herein und vertreibt die Dunkelheit.

So einfach ist es. Jedes Mal, wenn Dunkelheit sich deiner Seele bemächtigt – Furcht, Sorge, Schmerz, was auch immer –, putz das Fenster, sobald du es bemerkst. Dann wird Licht hereinströmen.

1. DIE GEDANKENSCHLEIFE

Ich sitze an meinem Schreibtisch. Durch die großen Schlafzimmerfenster funkeln die Lichter San Franciscos. Eine Coca-Cola-Leuchtreklame erlischt und baut sich Buchstabe für Buchstabe wieder auf. Auf der Market Street sehe ich Autos, rote Rücklichter. Der berühmte Turm auf den Twin Peaks wird von der Nacht verschluckt, vom Nebel verdeckt.

Solltet ihr in diesem Moment meinen Kopf öffnen und hineinschauen, würdet ihr euch vermutlich etwas nörglerisch fragen: »Hat der Junge denn gar keine Fantasie?«

Mir geht nur ein Gedanke durch den Kopf: *Ich liebe mich selbst. Ich liebe mich selbst. Ich liebe mich selbst.*

Seit ich den Schwur abgelegt habe, war das tagelang mein einziger Fokus. Manchmal geflüstert, manchmal stumm. Beim Zähneputzen genuschelt. Laut in der Dusche. Pausenlos. »Ich liebe mich selbst, ich liebe mich selbst, ich liebe mich selbst.«

Ich habe nichts zu verlieren. Es ist alles, was ich habe. Ich liebe mich selbst, ich liebe mich selbst, alles andere ist mir scheißegal, ich liebe mich selbst.

Ich habe einmal folgende Erklärung für Gedanken wie diesen gehört: Wir als menschliche Wesen glauben, dass wir denken. Stimmt nicht. Meist erinnern wir uns. Wir durchleben Erinnerungen erneut. Wir lassen im Kopf gewohnte Muster und Schleifen ablaufen. Um glücklich zu sein, um Dinge auf die lange Bank zu schieben, um traurig zu sein. Ängste, Hoffnungen, Träume, Wünsche. Wir haben Schleifen für alles.

Diese Schleifen laufen immer wieder in uns ab, und im Gegenzug lösen sie Gefühle in uns aus. Das geschieht so automatisch, dass wir glauben, keine andere Wahl zu haben. Aber das ist bei Weitem nicht der Fall.

Du kannst dir eine Gedankenschleife wie einen Pfad vorstellen, der durch ständigen Gebrauch entstanden ist. Wie eine vom Wasser geschaffene Felsrinne. Mit der Zeit wird daraus ein Fluss.

Wenn dir ein Gedanke nur einmal in den Sinn kommt, hat er keine Macht über dich. Wenn du ihn dir immer wieder wachrufst, vor allem mit emotionaler Intensität, ihn wirklich spürst, formst du mit der Zeit ein Rinnsal für deinen mentalen Fluss. Und dann kontrolliert der Gedanke dich.

Und deshalb ist eine gezielte Gedankenschleife die Lösung. Nimm dir diesen einen Gedanken: *Ich liebe mich selbst*. Füge die emotionale Intensität hinzu, weil sie die Rinne schneller vertieft als alles andere. Spüre den Gedanken. Ruf ihn dir immer wieder wach. Spüre ihn. Sag ihn dir vor. Ob du es glaubst oder nicht, ist nicht wichtig, konzentriere dich nur auf den einen Gedanken. Mach ihn zu deiner Wahrheit.

Das Ziel ist also, eine Rinne zu erschaffen, die tiefer reicht als diejenigen, die mit den Jahren entstanden sind – diejenigen, die ein Gefühl von Machtlosigkeit erzeugen. Auch sie brauchten ihre Zeit. Manche haben wir schon seit der Kindheit.

Deshalb müssen wir uns bewusst dafür entscheiden. Und deshalb müssen wir auch üben. Halt dich nicht damit auf, die Rinnen der Vergangenheit zerstören zu wollen. Was du erschaffst, ist eine neue Rinne, die so mächtig ist, dass deine Gedanken ganz automatisch durch sie hindurchfließen werden.

Sicher, es braucht Zeit. Ich habe einen Monat für den Weg von Elend zu Magie gebraucht. Aber ihr werdet Veränderungen bemerken, Verschiebungen eurer Gefühle, es werden wunderbare Dinge geschehen. Rechnet damit. Es werden immer mehr und mehr, bis ihr eines Tages durch den Sonnenschein spaziert, euch gut fühlt, das Leben liebt und das Leben euch zurückliebt, und ihr werdet innehalten und feststellen, dass es jetzt euer Normalzustand ist.

Könnt ihr euch ein besseres Leben vorstellen?

2. EINE MEDITATION

Selbst wenn ihr sonst nichts tut, so tut wenigstens das.
Es wird tatsächlich etwas bewirken.

Ich meditiere jeden Tag sieben Minuten lang. Warum sieben Minuten? Weil ich ein Musikstück auflege, das mir gefällt, eins, das wohltuend und ruhig ist, Klavier und Querflöte, eins, womit ich positive Gefühle verbinde und das zufällig sieben Minuten lang ist.

Ich setze mich mit dem Rücken an die Wand, setze meine Kopfhörer auf, lausche der Musik und stelle mir Galaxien und Sterne und das Universum vor und male mir aus, wie das ganze Licht aus dem Weltall in meinen Kopf und in meinen Körper fließt und dahin strömt, wo es hinströmen muss.

Ich atme langsam, natürlich. Beim Einatmen denke ich: *Ich liebe mich selbst.* Dann atme ich aus und lasse alle Reaktionen meines Körpers und Geists hinaus, ob Reaktionen da sind oder nicht. Das ist alles. Simpel.

Einatmen: *Ich liebe mich selbst.*

Ausatmen: ausatmen, was hochgekommen ist.

Einatmen, ausatmen, einatmen, ausatmen. Ganz natürlich.
Die Musik fließt.

Die Gedanken schweifen ab, das liegt in ihrer Natur. Wenn das passiert, nehme ich nur wahr, wo ich mich in dem Atemzug befinde. Atme ich ein, wechsele ich zu *Ich liebe mich selbst*. Atme ich aus, wechsele ich dazu, alles loszulassen, was in Körper und Geist vor sich geht.

Ab und zu richte ich meine Aufmerksamkeit auf das Licht, das von oben hereinfließt. Manchmal mache ich das bei jedem Einatmen. Bevor ich mich versehe, sind die sieben Minuten um und die Meditation ist vorbei.

Da ist etwas dran, an dem Gedanken, dass Licht von Galaxien und Sternen in meinen Kopf fließt. Das Konzept von Licht selbst. Genau wie bei Liebe hat das Unterbewusstsein eine positive Assoziation zu Licht. Pflanzen wachsen zum Licht hin. Als menschliche Wesen sehnen wir uns nach Licht. Wir finden es wunderschön und beruhigend, wenn die Sonne auf- oder untergeht oder wenn wir einen hellen Mond am Himmel sehen.

Und wieder: Es ist nicht nötig, eine Heilung oder irgendetwas Positives bewusst zu schaffen. Das Unterbewusstsein sorgt dafür. Alles, was ich tun muss, ist, ihm das Bild zu liefern – in diesem Fall Licht; ihm den Gedanken zu geben –, in diesem Fall, dass ich mich selbst liebe. Es erledigt den Rest.

Das ist eine intensive Übung, weil sie konzentriert ist. Aber fühlt sie sich intensiv an? Nein, sogar sehr friedlich. Ich glaube, das macht wahre emotionale Intensität aus, wenn sie Frieden, Liebe und Wachstum hervorbringt.

ANLEITUNG

Schritt 1: Stell dir Musik an. Etwas Beruhigendes, Leises, möglichst instrumental. Ein Stück, das dir ein gutes Gefühl gibt.

Schritt 2: Setz dich mit dem Rücken an eine Wand oder ein Fenster. Kreuze die Beine oder strecke sie aus, wie es sich natürlich anfühlt.

Schritt 3: Schließe die Augen. Lächele bedächtig. Stell dir vor, dass ein Lichtstrahl von oben in deinen Kopf strömt.

Schritt 4: Atme ein, sag dir in Gedanken: *Ich liebe mich selbst.* Langsam. Gehe behutsam mit dir um.

Schritt 5: Atme aus und lass mit dem Atem alles heraus, was hochkommt. Alle Gedanken, Emotionen, Gefühle, Erinnerungen, Ängste, Hoffnungen, Wünsche. Oder nichts. Atme aus. Urteile nicht. Verbinde dich nicht mit diesen Dingen. Gehe gütig mit dir selbst um

Schritt 6: Wiederhole die Schritte 4 und 5, bis die Musik endet.

(Wenn deine Gedanken abschweifen, nimm es lächelnd zur Kenntnis. Lächele darüber, als würde ein Kind tun, was ein Kind eben tut. Und mit diesem Lächeln kehrst du zur Atmung zurück. Schritt 4, Schritt 5. Gedanken schweifen ab, zur Kenntnis nehmen, gütig lächeln, zurückkehren zu Schritt 4, Schritt 5.)

Schritt 7: Wenn die Musik endet, öffne langsam die Augen. Lächele. Tu es von innen heraus. Das ist deine Zeit. Sie gehört nur dir.

Warum Musik? Da ich jedes Mal dasselbe Stück höre, hat es die Funktion eines Ankers übernommen und versetzt mich mühelos in einen meditativen Zustand. Eine Krücke vielleicht, aber eine schöne.

Führe diese Meditation regelmäßig durch. Du wirst merken, welche Magie dabei entsteht.

3. DER SPIEGEL

Diese Übung zu teilen macht mir ein bisschen Angst. Die Leute werden denken, ich bin total von der Rolle. Aber sie wirkt.

Schritt 1: Stell dir einen Timer auf 5 Minuten.

Schritt 2: Stell dich vor einen Spiegel, die Nase ein paar Zentimeter entfernt davon. Entspann dich. Atme.

Schritt 3: Schau dir in die Augen. Manchmal hilft es, sich nur auf ein Auge zu konzentrieren. In dem Fall versuch es mit dem linken. Atme langsam, ganz natürlich, bis du einen Rhythmus gefunden hast.

Schritt 4: Sieh dir in die Augen und sag dir: »Ich liebe mich selbst.« Ob du es in dem Moment glaubst oder nicht, ist nicht wichtig. Wichtig ist, dass du es zu dir selbst sagst und dir dabei in die Augen siehst, wo es vor der Wahrheit kein Entrinnen gibt. Und letztendlich liegt die Wahrheit darin, dich selbst zu lieben.

Schritt 5: Wiederhole leise »Ich liebe mich selbst« und halte gelegentlich inne, um deine Augen zu betrachten.

Wenn die fünf Minuten um sind, lächele. Gerade hast du dir selbst auf eine tiefgehende, viszerale Art die Wahrheit übermittelt. Auf eine Art, der das Gehirn nicht entkommen kann. Wenn dir schon einmal jemand in dem Wissen, dass du diese Person liebst, in die Augen gesehen hat, hat diese Person genau das gesehen. Mach dir das gleiche Geschenk.

4. EINE FRAGE

Während ich in meiner Wohnung eingesperrt war und mich von meiner Krankheit erholte, fiel es mir leicht, »Ich liebe mich selbst« zu mir zu sagen. Nach meiner Rückkehr ins Land der Lebenden, die ihre eigenen Probleme und Gedankenschleifen hatten, war das schon schwieriger.

Damals kam die Frage auf. Weil ich mit anderen umgehen und auf ihre negativen Gefühle eingehen wollte, stellte ich mir unvermittelt diese Frage:

Wenn ich mich wahrhaft lieben würde, würde ich mich dieser Erfahrung aussetzen?

Die Antwort lautete immer: Nein.

Es funktionierte wunderbar. Da ich an der Gedankenschleife gearbeitet hatte, war der nächste Schritt nach dem »Nein« klar. Statt das Gefühl aufzulösen oder zu versuchen, es nicht zu empfinden, kam ich einfach auf das einzig Wahre in meinem Kopf zurück: *Ich liebe mich selbst, ich liebe mich selbst, ich liebe mich selbst.*

In all ihrer Macht ist diese Frage täuschend einfach. Sie verlagert den Fokus von dem, was man empfindet – sei es Wut, Schmerz oder Furcht –, darauf, wo man hinwill. Und das ist Liebe. Deinem Gehirn und deinem Leben bleibt nichts anderes übrig, als zu folgen.

GEDANKE

Wenn wir aus Atomen und Molekülen gemacht sind und diese wiederum aus kleineren Partikeln, die aus luftleerem Raum und Energie bestehen, was sind wir dann?

Sind wir unsere Gedanken?

Hast du dich schon einmal dabei ertappt, wie sich deine Gedanken im Kreis drehten und eine alte Geschichte, einen alten Schmerz, dasselbe Muster abspulten? Wer bist du? Der Gedanke oder der Beobachter des Gedankens?

Wenn ihr die Beobachter seid, was ist dann der Gedanke?

Oder bist du ein Gedanke, der einen anderen Gedanken betrachtet?

Vielleicht sind wir nur ein biochemisches Gewitter, das sich in den neuronalen Verbindungen unsere Gehirne niederschlägt, die sich über Millionen von Jahren entwickelten. Oder vielleicht gibt es einen Betrachter, ein tieferes Selbst. Beides ist nicht bewiesen.

Es nicht zu wissen ist für mich in Ordnung. Darüber nachzudenken macht mir Spaß, aber vor allem, um mich daran zu erinnern, dass letzten Endes alles Theorie ist. Mich interessiert, was funktioniert. Was Magie in mein Leben bringt.

So viel weiß ich: Wenn es sich selbst überlassen wird, spielt das Gehirn immer wieder dieselben Geschichten, dieselben

Schleifen ab. Meist genau die, die uns nicht guttun. Deshalb ist es praktisch und transformativ, sich bewusst einen Gedanken auszuwählen. Und ihn dann immer wieder einzuüben. Mit Emotion, mit Gefühl, mit Akzeptanz.

Leg dir deine Synapsenpfade an, bis das Gehirn den Gedanken automatisch abzuspielen beginnt. Wenn du das im Verlauf der Zeit mit genügend Intensität tust, wird dem Gehirn nichts anderes übrig bleiben. So funktioniert das. Was glaubst du, woher deine ursprünglichen Schleifen kamen?

Das Ziel, wenn es eins gibt, besteht darin, zu üben, bis der Gedanke, den du ausgewählt hast, zur Primärschleife wird. Bis er zu dem Filter wird, durch den du das Leben betrachtest. Und dann übst du weiter.

Klingt nach Arbeit. Vielleicht. Das Denken liegt im Wesen des Gehirns. Such dir einen Gedanken, der dich verwandelt, der dein Leben in Schwung bringt. Der, den ich gefunden habe, *Ich liebe mich selbst*, ist der wirkmächtigste, den ich kenne. Vielleicht entdeckst du einen anderen. Wie dem auch sei, tu es bitte.

Es lohnt sich.

ERINNERUNG

Erinnerung ist nicht in Stein gemeißelt. Das wird dir jeder Neurowissenschaftler sagen. Je intensiver du dich an etwas erinnerst, vor allem, wenn es emotional aufgeladen ist, desto tiefer ebnest du dabei die Pfade, die die Neuronen miteinander verbinden. Einfach gesagt: Je mehr du darüber nachdenkst, je tiefer du es fühlst, umso intensiver die Erinnerung.

Und jetzt kommt das Interessante daran. Es ist nicht nur der Akt des Erinnerns, der eine Erinnerung verstärkt, sondern ein anderer Faktor formt und verändert sie sogar: die Gefühlslage, in der du dich befindest, wenn du dich an etwas erinnerst.

Die Folgerungen daraus sind transformativ.

Nimm irgendeine Erfahrung, eine Beziehung, die schon vor Jahren endete. Ruf sie dir bewusst in Erinnerung, wenn du unglücklich bist. Du wirst feststellen, dass du dich auf die negativen Aspekte konzentrierst und diese in der Erinnerung stärker werden.

Jetzt umgekehrt: Nimm exakt die gleiche Erfahrung, aber erinnere dich, wenn du glücklich bist. Bemerkst du den Unterschied?

Es ist immer noch dieselbe Erfahrung, es ist immer noch dein Gehirn. Aber der Filter ist anders. Und der Filter verändert den Fokus, der die Erinnerung fast unmerklich verändert.

Was noch wichtiger ist: Er verändert das Gefühl, das dir die Erinnerung gibt, die Macht, die es auf dich ausübt.

Dafür gibt es eine Lösung, eine wirkmächtige.

Wenn eine schmerzhafte Erinnerung hochkommt, kämpfe nicht dagegen an und versuche nicht, sie fortzuschieben – dabei gerätst du nur in Treibsand. Dagegen anzukämpfen verstärkt den Schmerz nur. Wende dich stattdessen der Liebe zu. Der Liebe zu dir selbst. Spüre sie. Wenn du sie vortäuschen musst, okay. Irgendwann wird sie echt. Spüre die Liebe zu dir selbst, während die Erinnerung abebbt und weiterfließt. Das wird ihr die Macht nehmen.

Und, was noch wichtiger ist, es wird die Verschaltung der Erinnerung verändern. Mach es wieder und wieder. Liebe. Neu verschalten. Liebe. Neu verschalten. Es sind deine Gedanken. Du kannst machen, was immer du willst.

LICHTSCHALTER

Richard Bandler, Mitbegründer des Neuro-Linguistischen Programmierens (NLP), war in seiner frühen Laufbahn dafür bekannt, dass er innerhalb von Stunden Schizophrenie heilen konnte. Es fing damit an, dass er von Ärzten und den Familien von Patienten angerufen und gebeten wurde, in psychiatrische Kliniken zu kommen und mit den schlimmsten Fällen zu arbeiten – mit denen, die alle schon aufgegeben hatten.

Eine seiner Lieblingsgeschichten handelt von einem Manager, der Wahnvorstellungen von Schlangen bekam. Niemand konnte ihn davon abbringen. Er wurde eingewiesen und behandelt, ohne Erfolg. Also wurde er in der Nervenheilanstalt an sein Bett geschnallt – kein sehr erhebendes Gefühl, wenn man glaubt, dass Schlangen über einen kriechen – und als unheilbarer Fall abgeschrieben.

Als Bandler ihn kennenlernte, war er in schlechter Verfassung. Um sich über sein weiteres Vorgehen klar zu werden, machte Bandler einen Spaziergang durch die Stadt. Er musste den Mann zurück in die Realität holen. Als er an einer Tierhandlung vorbeikam, fiel ihm vor dem Laden ein Fass voller Gummischlangen auf. Er betrat das Geschäft und fragte den Mann hinter dem Ladentisch, ob er sich das ganze Fass gegen eine Gebühr ein paar Stunden ausleihen könnte.

»Aber die will ich verkaufen«, protestierte der Mann. »Und nicht das ganze Fass verleihen.«

»Aber ich brauche sie alle«, sagte Bandler. »Aber nur ein paar Stunden.«

»Warum?«

»Ich will mit ihnen Schizophrenie heilen«, sagte Bandler.

»Krass«, sagte der Mann.

Bandler erklärte es damit, dass der Ladenbesitzer, da er kein Arzt war, aufgeschlossen für Heilverfahren war, die nicht der Norm entsprachen. Es stellte sich heraus, dass er außerdem noch ein paar wohlerzogene echte Schlangen hatte – zwei Kobras und eine Riesenpython, die sich liebend gern um Menschen herumwickelte. Perfekt.

Die Taschen voller Schlangen aus Gummi und samt drei echten im Gepäck, kehrten der Ladenbesitzer und Bandler in die Nervenheilanstalt zurück, gingen in den Duschraum, wo der Patient sich wusch, und verteilten die Tiere überall. Die lebenden Kobras drapierte er besonders nahe der Stelle, an der der Patient sich aufhalten würde, und die Python direkt über dem Platz, an dem Bandler den Rollstuhl abstellen würde. Nach getaner Arbeit begutachtete er sein Werk.

Der Anblick erinnerte ihn an die Szene aus *Jäger des verlorenen Schatzes*, in der Indiana Jones in eine Kammer voller sich windender Schlangen herabsteigt. Genug, um jedem Angst einzujagen, ganz zu schweigen von einem Patienten mit einer schweren Schlangenphobie.

Da wundert es nicht, dass Bandler einst einen Mann, der sich für Jesus hielt, geheilt hatte, indem er drei muskulöse, als römische Zenturionen verkleidete Footballspieler und genug Holz für ein lebensgroßes Kreuz ins Krankenhauszimmer brachte. Dort begann er, das Kreuz zusammenzunageln, wobei er gelegentlich innehielt, um den Mann zu messen, während er von den Zenturionen niedergehalten wurde. Als sie zur Kreuzigung schreiten wollten, war der Mann fest überzeugt, nicht Jesus zu sein. Und auch als das Drama vorüber war, hielt die Heilung an.

Der Schlangenbesitzer und der Arzt stellten sich hinter den Einwegspiegel zum Duschraum. Bandler schob den Mann in seinem Rollstuhl festgezurrt herein. Sobald der Mann die Schlangen sah, schrie er los: »Schlangen!«

Es sei ein schrecklicher Laut gewesen, sagt Bandler, einer, der aus tiefster Seele kam und im ganzen Krankenhaus zu hören war: »Schlaaaaaangen!« Trotzdem stellte er den Mann genau an den Platz, wo er die Kobras vor sich und die Python, die über seinem Kopf herabhing, sehen konnte. Dann ging er und schloss die Tür hinter sich.

Der Mann schrie und schrie. Bandler wartete. Schließlich ging er wieder hinein. Der Mann sah ihn, wollte schreien, doch Bandler stoppte ihn.

»Schlangen, Schlangen, ja, ich weiß«, sagte Bandler. »Sagen Sie mir, welche echt sind und welche nicht, dann schiebe ich Sie wieder heraus. Ansonsten lasse ich Sie hier drin.« Damit wandte er sich zum Gehen.

»Gummischlangen«, sagte der Mann und deutete mit dem Kopf zum Boden. »Halluzinierte Schlangen«, er zeigte überall in den Raum. Dann, den Blick zu der Python gehoben, die nur wenige Meter über ihm baumelte und näher kam, um sich herabfallen zu lassen: »Echte Schlange!«

Das überraschte Bandler. Wenn man den Mann auf die Probe stellte, war er nicht nur klar genug, um die echten Tiere von halluzinierten zu unterscheiden, sondern konnte sogar sagen, welche der Schlangen aus Gummi waren – was Bandler selbst schwerfiel, da sie so realistisch aussahen.

Er schob den Mann wieder heraus und fragte ihn, wie er den Unterschied zwischen halluziniert und echt erkennen konnte.

»Ganz einfach«, sagte der Mann, »halluzinierte Schlangen sind durchsichtig.«

Der Mann hatte es die ganze Zeit über gewusst. Echtheit war massiv, Halluzinationen durchsichtig. Aber seine Angst war so stark, dass er den Bezug zur Realität verloren hatte. Bandler brachte dem Mann bei, sich auf den Unterschied zwischen der Realität und halluzinierten, durchsichtigen Schlangen zu konzentrieren, und der Mann war geheilt. Ab und zu sah er zwar immer noch Schlangen, wusste aber, dass sie nicht echt waren. Sie hatten ihre Macht über ihn verloren.

Gegen Angst anzukämpfen funktioniert nicht. Es zieht einen nur noch mehr hinein. Man muss sich auf das konzentrieren, was echt ist. Auf die Wahrheit. Wenn Dunkelheit dich umfängt, kämpf nicht dagegen an. Du kannst nicht gewinnen. Such dir einfach den nächsten Schalter und knips das Licht an.

In einem seiner besten Blogposts spricht James Altucher darüber, wie er negative Gedanken mit einem simplen Gedankentrick im Keim erstickt. »Nicht nützlich«, sagt er sich selbst. Das ist ein Schalter, eine Art Ausschalter, der das Muster der Angst verändert.

Im letzten Teil der *Die Tribute von Panem*-Trilogie wird einer der Hauptcharaktere vom Kapitol gefoltert, und seine Erinnerungen sind verändert worden, sodass er nicht mehr zwischen echten und eingepflanzten Erinnerungen unterscheiden kann. Seine Freunde denken sich eine einfache Übung für ihn aus. Sie erzählen ihm von Erinnerungen, von denen sie wissen, dass sie echt sind, und fragen ihn dann: »Wahr oder nicht?« Langsam lernt er wahr von nicht wahr zu unterscheiden, bis sein Gehirn sich anpasst und ihm klar wird, dass die nicht wahren Erinnerungen einen gewissen Glanz haben. Und im Zweifelsfall kehrt er zur Übung zurück: Wahr oder nicht wahr?

Angst ist ein nützliches Werkzeug, wenn sie richtig genutzt wird. Sie leistet uns gute Dienste, wenn wir uns in der Nähe eines flammenden Infernos befinden oder an einer Felskante stehen. Doch abgesehen davon hat sie das Gehirn gekapert. Bis zu dem Punkt, an dem es schwierig wird, das Gehirn und unsere Gedanken von der Angst selbst zu unterscheiden.

Diese Werkzeuge, die wie Lichtschalter sind, existieren. Wenn Angst aufkommt, denk daran, dass sie eine halluzinierte Schlange ist, nicht nützlich oder nicht echt. Alle drei Ansätze funktionieren. Und es gibt noch viele mehr, die wir uns selbst ausdenken können, wenn wir es wünschen. Solange es funktioniert, ist es zulässig.

Die Lösung lautet: Wenn die Dunkelheit dich umfängt, halte einen Lichtschalter, den du dir ausgesucht hast, in Reichweite. Beim Schreiben dieses Buches sagt mir die Angst zum Beispiel, dass ich meinen Ruf aufs Spiel setze. Egal. Meine Aufgabe ist es, es als das zu erkennen, was es ist – eine halluzinierte Schlange, nicht nützlich, nicht echt –, und weiterzumachen.

ICH BIN VERLIEBT

»Du bist so schön«, sage ich.

Sie geht neben meinem Freund Gabe und hält seine Hand. Ihre dunklen Haare sind frisch geschnitten, stufig. Es ist ein kühler Februarabend im Mission District in San Francisco. Wir wollen Tacos essen gehen.

»Ich bin eben verliebt«, sagt sie.

Wir bleiben stehen, um die Straße zu überqueren.

»Es stimmt«, sagt sie. »Das ist der Grund. Ich bin verliebt.«

Sie ist so oder so schön, aber ich verstehe, was sie meint. Sie strahlt. Lächelt pausenlos. Ist voller Leben.

Als ich nach Hause komme, halte ich, bevor ich das Gebäude betrete, inne, und mir wird etwas klar. Die Liebe, sie muss doch nicht unbedingt für einen anderen Menschen sein, oder? Liebe ist eine Emotion, Liebe ist ein Gefühl, Liebe ist eine Daseinsform. Der beschwingte Gang, das Lächeln, diese Offenheit – kann es nicht einfach daher kommen, dass man sich selbst liebt?

Ich stutze. Natürlich. Hier sind wir nun und glauben, dass man in einen anderen Menschen verliebt sein muss, um zu strahlen, um sich frei zu fühlen und um sein Glück von den Dächern zu schreien, aber der wichtigste Mensch, die wichtigste Beziehung, die wir jemals haben werden, wartet darauf und sehnt sich danach, zutiefst and aufrichtig geliebt zu werden.

Und das Spannende daran: Wenn wir uns selbst lieben, strahlen wir auf natürliche Weise, wir sind auf natürliche Weise schön. Und das macht uns für andere anziehend. Ehe wir uns versehen, lieben sie uns, und es liegt an uns, die Wahl zu treffen, mit wem wir unsere Liebe teilen wollen.

Herrliche Ironie. Verliebe dich in dich selbst. Lass deine Liebe sich frei entfalten und alle Welt wird dir die Bude einrennen, um sich in dich zu verlieben.

VERGEBUNG

Ich fahre mit offenem Verdeck über den Highway 1 und halte nach den Bäumen Ausschau. Eine halbe Meile südlich des Leuchtturms in Pescadero sehe ich den vertrauten Zaun, der die Wiese von der Straße trennt.

Ich fahre rechts ran und schalte den Wagen aus. Der Motor verstummt langsam. Dann schnappe ich mir meinen Rucksack, steige über den Zaun und laufe zu den Bäumen. Eine leichte Brise geht durch das Gebüsch. Am äußersten Rand liegt der offene Pazifik. Über mir der weite blaue Sommerhimmel.

Diese Wiese habe ich entdeckt, als ich nach Kalifornien zog. Ich stieg in meinen Wagen und fuhr einfach los, überrascht von der gewaltigen Schönheit des Pazifischen Nordwestens. Es gibt nichts auf der Welt, das dem gleichkommt.

Vor Jahren habe ich eine Freundin mit hierhergenommen. Als wir zu den Bäumen kamen, riss ich ein Stück Papier aus meinem Notizbuch und reichte ihr einen Stift.

»Du musst dir selbst vergeben«, sagte ich zu ihr.

Sie trug immer noch Schuldgefühle von ihrer Scheidung mit sich herum. Es war Zeit für sie, sie loszulassen.

»Schreib alles auf, was du dir selbst nachträgst«, sagte ich. »Alles. Und dann vergib dir selbst. Schreib auch das auf. Wenn du damit fertig bist, übergeben wir den Zettel dem Ozean. Es wird dich befreien.«

Sie schwieg lange. Ich glaube, sie hat ein bisschen geweint.

»Du musst dir auch vergeben«, sagte sie. »Dafür, dass du nicht Medizin studiert hast.«

Ich bewundere Frauen für ihre Klugheit. Sie hatte recht. Ich hatte die Gründung von Start-up-Unternehmen einer ärztlichen Laufbahn vorgezogen, und ganz gleich, was ich mir einredete, es war eine egoistische Entscheidung. Für Geld und gegen etwas, das mir wichtig war. Eine Entscheidung, mit der ich nicht klargekommen war.

Also arbeiteten wir beide an unseren Briefen. Dann stiegen wir hinab zu den Wellen, knüllten die Zettel zusammen und warfen sie in den Ozean. Und stellt euch vor, es funktionierte. Es hat etwas in meinem Inneren gelöst, und ich habe es nie bereut. Das Bedauern darüber, nicht Medizin studiert zu haben, verschwand. Ganz von selbst. Eine einfache Übung.

Hier stehe ich nun an diesem Wäldchen, diesmal allein. Es sind nur noch zwei windgepeitschte Bäume übrig. Der dritte liegt quer über dem Gras, der lange Stamm verkohlt. Vielleicht ein Blitzeinschlag. Ein kürzerer Stamm liegt wenige Meter entfernt, ausgeblichen von Wind und Regen.

Ich steige auf ihn und blicke auf den Ozean hinaus. Früher Abend. Die Sonne ist groß und steht hoch am Himmel. Auf dem Wasser schimmert bis zum Horizont ein Pfad aus Gold.

Ich hole mein Notizbuch aus meinem Rucksack, reiße ein Stück Papier heraus und schreibe. Das heutige Datum. Was ich mir zur Last lege. Dass ich Mist gebaut habe, obwohl ich es besser wusste. Dass ich mein Herz verschlossen habe. Dass ich gekränkter bin als nötig. All meine Fehler. Alles.

Als ich damit fertig bin, schreibe ich, dass ich mir selbst vergebe. Alles. Und in diesem Moment der Vergebung schreibe ich, dass ich makellos und rein bin. Weil ich weiß, dass es so ist.

Das ist der erste Schritt. Es kommen noch zwei. Das hat mich das Leben zwischen heute und dem Tag, als ich dieses Wäldchen entdeckte, gelehrt.

Ich wandere zum Strand hinab, setze mich auf einen Felsen und beobachte die Wellen. Sie brechen und kräuseln sich auf dem Kieselstrand. Ich hebe den Brief zum Himmel und lese ihn laut vor. Alles, was ich mir zur Last lege. Die Vergebung.

Ich wiederhole es, bis es nicht mehr nötig ist. Dann greife ich hinter mich und bekomme einen großen Kieselstein zu fassen. Als ich ihn sehe, lache ich. Er ist wie ein Herz geformt. Ach Leben, du hast echt Humor.

Ich knülle den Zettel fest um das Steinherz und betrachte erneut die Wellen. Dies ist ein heiliger Moment. Alles, was ich mir zur Last gelegt habe, lege ich in ihn hinein und übergebe es etwas Größerem. Damit es damit tut, was es möchte. Damit es mich davon befreit. Damit ich das Leben leben kann, das mir bestimmt ist. Am Ende sind es die Dinge, die wir uns selbst zur Last legen, die uns mehr niederdrücken als alles andere.

Als der richtige Augenblick kommt, werfe ich den Stein in hohem Bogen durch die Luft ins Wasser. Es spritzt und platscht kurz, dann ist er weg. Die Wellen rauschen darüber und umspülen die Stelle. So einfach ist es. Ich sehe eine Weile zu und frage mich, ob das Wasser mir den Stein mit dem Brief zurückgeben wird. Das tut es nicht.

Ich laufe zurück nach oben zu dem Wäldchen, setze mich wieder auf den Baumstamm und hole mein Notizbuch hervor. Diesmal schreibe ich einen anderen Brief an mich. Kurz und auf den Punkt:

Lieber Kamal,
ich schwöre, dich in jeder Hinsicht ganz und vollkommen und zutiefst zu lieben, in allen Gedanken, in allen Handlungen, in all meinen Wünschen und mit allem, was ich in mir habe. Ich schwöre, dich zu lieben, Kamal.

Ich unterschreibe und datiere ihn.

Ich lege das Notizbuch weg, blicke zur Sonne auf. Sie ist bis zur Mitte gesunken. Der Wind flirrt durch das hohe, braune Gras. Es wird langsam kühl. Ich werfe mir meine Jacke über, nehme alles in mich auf.

Dann wende ich mich wieder meinem Notizbuch zu und lese laut vor. Meinen Schwur an mich selbst. Von einem makellosen und reinen Ort. Das ist mein Startpunkt. Es fühlt sich schön an. Es fühlt sich, nun … es fühlt sich richtig an.

Und so weiß man, dass es funktioniert hat. Wenn es sich richtig anfühlt. Das kann einem keiner beibringen, man muss es einfach tun. Und je öfter man es macht, umso mehr entwickelt man ein Vertrauen in dieses Gefühl, und je mehr man auf es hört, umso mehr lebt man es. Und es verwandelt ein Leben.

ENTSCHEIDUNG

Wenn ich mich im Leben in einer Sache hervortat, dann war es, mir selbst im Weg zu stehen. Würde je eine Olympiade dafür abgehalten, ich würde Gold holen. Sobald alles gut lief bei mir, fand ich garantiert immer einen Weg, mir das denkbar größte Hindernis selbst in den Weg zu stellen und voll auf die Nase zu fallen.

Dieses Muster erfüllte den Zweck, mich unglücklich zu halten und auf keinen Fall liebevolle Gedanken für mich selbst zu hegen. Jedes Mal wieder redete ich mir ein, ich hätte meine Lektion gelernt. Ich stand wieder auf, klopfte mir den Staub ab, fing an zu rennen, wurde schneller, das Leben lief gut – zu gut, wodurch natürlich die alten Muster verlockend wurden, und, nun ja, *platsch*.

Ihr versteht, was ich meine …

Ich weiß nicht, warum ich das getan habe. Vielleicht irgendein Kram aus der Kindheit. Vielleicht Erwachsenenkram. Vermutlich hilft es, die Gründe zu kennen, aber letztlich zählt allein das Leben, das ich jetzt führe. Und wohin es mich führt.

Folgendes passierte, als ich damit anfing, mich selbst zu lieben: Ich erkannte meine Muster. Vorher hatte ich überhaupt keine Ahnung, dass ich bestimmte Dinge tat, ich hielt es einfach für mein Leben.

Die Verhaltensmuster verschwanden nicht sofort. Aber ich war mir ihrer bewusst. Und das war der Anfang. Wenn ich mir künftig im Weg stand, tat ich es nicht mehr unbewusst. Es war eine Entscheidung. Und schließlich nervten mich diese Entscheidungen.

Das ist das Gute daran, sich selbst zu lieben: Du fängst an, nicht mehr alles hinzunehmen, was dir nichts bringt – vor allem, wenn es von dir selbst ausging. Allein das verändert dein Leben.

Folgendes habe ich über Gewohnheiten und Muster gelernt, die uns nichts bringen: Es gibt einen Moment der Entscheidung, in dem sich zwei Wege vor einem erstrecken. Eine Möglichkeit ruft nach dem Altvertrauten. Die andere ist unbekannt. Im Unbekannten liegt Magie.

Die richtige Frage zu stellen ist das machtvollste Instrument, das ich gefunden habe, als ich den Weg zur Magie wählte. In dem Moment, in dem ich drauf und dran bin, in ein altes Muster zu fallen, einen vertrauten Fehler zu begehen, halte ich inne, atme tief, lasse Licht hineinfließen und frage mich selbst:

Wenn ich mich selbst von ganzem Herzen lieben würde, was würde ich tun?

Manchmal hilft es, die Frage auf die ganze Bandbreite der Rührseligkeiten auszuweiten, zu denen ich fähig bin:

Wenn ich mich wahrhaft lieben, mir von ganzem Herzen nur das Allerbeste für mich wünschen würde, ein schönes Leben voller Wunder, würde ich mich dann so verhalten, wie ich es jetzt tue?

Dann liegt die Entscheidung bei mir.

Solche Momente definieren mein Leben. Bestimmen mein Schicksal. Und heutzutage wähle ich in den meisten Fällen ein Leben voller Liebe. Ein Leben voller Magie.

RINNE

Ein Freund von mir hat ein paar der erbittertsten Gefechte überlebt, die amerikanische Truppen in den letzten zehn Jahren durchgestanden haben. Er und seine Frau genießen das Leben in vollen Zügen. Er hat mir gesagt, dass er lebt, weil die Freunde, die er verloren hat, es sich von ihm wünschen würden. Er lebt, weil er es ihrem Andenken schuldet.

Vor Kurzem haben wir einen gemeinsamen Freund verloren – einen Exmarine, der die Last, die er aus dem Krieg mit sich herumschleppte, nicht loslassen konnte. Fähig, bescheiden, ein fleißiger Arbeiter. Doch die Geister der Vergangenheit hatten ihn eingeholt.

Er ist mir vertraut – der Gedanke, sein Leben zu beenden. Eine süße Verlockung. Einfach mit all dem Schluss zu machen. Ich war schon näher dran, als ich mir eingestehen will. Zum Glück habe ich auch die andere Seite erlebt, und das gibt mir Hoffnung.

Ich frage mich manchmal, ob der Gedanke, sein Leben zu beenden, wie eine Sucht ist. Es ist ein so archaisches Gefühl – Sein oder Nichtsein –, dass man nach der ersten Dosis nie mehr ganz frei davon wird.

Klar, man kann den Gedanken hinter sich lassen. Aber genau wie bei einer Sucht kann sich, wenn es einem schlecht geht oder man geschwächt ist, die Versuchung wieder zurückmelden.

Was also ist die Lösung? Schaff dir eine neue Rinne, die dich von innen heraus komplett verwandelt. Die Magie in dein Leben bringt. Damit die neue Rinne, wenn du jemals geschwächt bist und die alten Rinnen wieder zum Vorschein kommen, so tief und mächtig ist, dass du die halluzinierten Schlangen mühelos durchschaust.

Einfach gesagt: Indem du Licht hereinlässt, beseitigst du die Dunkelheit. Und was am wichtigsten ist, wenn die alten Rinnen zurückkehren, frag um Hilfe. Egal wen. Wer sich selbst liebt, wirft sein Ego über Bord und sucht Hilfe. Weil er oder sie es sich wert ist.

MAGIE

Ich mache für heute Schluss im Fitnessstudio, trete nach draußen und setze mich auf die Mauer an der Einfahrt. Ein Spätsommerabend in San Francisco. Windig, kühl, Nebel über dem Stadtzentrum. Fantastisch.

Ich liebe mein Leben, denke ich unvermittelt. *Ich liebe mein Leben, ich liebe mein Leben, ich liebe mein Leben*. Der Gedanke kommt so natürlich wie der Wind. Ich betrachte die Skyline. Ich werde oft gefragt, warum ich meine langen Haare über meine Augen fallen lasse … es sind Momente wie diese, für die ich es tue, damit ich die Welt durch Strähnen aus Silber betrachten kann – *ich liebe mein Leben, ich liebe mein Leben*.

Wolken ziehen über mich hinweg, der Gedanke verändert sich: *Ich liebe mich selbst, ich liebe mich selbst, ich liebe mich selbst, ich liebe mich selbst*. Ich schmunzele, dann lächele ich breit. Alles, was mich ausmacht, meine Hoffnungen, Träume, Wünsche, Fehler, Schwächen, Stärken, alles – *Ich. Liebe. Mich. Selbst*.

Wenn ihr diesen Punkt erreichen könnt, und sei es nur für einen kurzen Moment, wird es euch verwandeln – versprochen.

Der Schlüssel, zumindest für mich, war, loszulassen. Mein Ego loszulassen, Bindungen loszulassen, die Vorstellung davon, wie ich sein sollte, die Vorstellung anderer, wie ich sein sollte. Und während ich das tue, kommt mein wahres

Ich zum Vorschein, das weit besser ist als der Kamal, den ich nach außen projiziert habe. In dieser Verletzlichkeit liegt eine Stärke, die man nicht beschreiben, sondern nur erleben kann.

Bin ich in jedem Augenblick so? Nein.

Aber ich gebe mir verdammt viel Mühe dabei, es zu versuchen.

Vor Tausenden von Jahren schrieb ein römischer Dichter: »Ich bin ein Mensch, daher ist mir nichts Menschliches fremd.« Ich glaube, das ist wahr. Und da es für einen Menschen möglich ist, kann es das für alle sein. Der Weg dahin mag ein anderer sein, aber das Ziel ist das gleiche.

Der Schlüssel ist, offen dafür zu sein, sich selbst zu lieben. Wenn wir das tun, kümmert sich das Leben ganz beiläufig um die nächsten Schritte.

Wenn du dich dieser Möglichkeit öffnest, kannst du erleben, wie schön es ist, dabei zuzusehen, wie die Welt um dich herum zu tanzen beginnt, während du innerlich dieses wunderbare, unglaubliche menschliche Wesen, das du bist, in vollem Maße akzeptierst. Es ist ein Gefühl von – wie soll ich es sonst nennen? – Magie.

SICH ERGEBEN

Einmal habe ich einen Mönch gefragt, wie er Frieden findet.

»Ich sage Ja«, antwortete er. »Zu allem, was geschieht, sage ich Ja.«

Bevor ich krank wurde, war dies das Allerletzte, was ich in meiner westlichen Denkweise sagen wollte. Ich war besessen von meiner Firma, von dem Traum, sie zu verkaufen und dabei genug Geld zu scheffeln, um nie mehr arbeiten zu müssen. Zur Verteidigung könnte man hervorbringen, dass eine Besessenheit wie diese immerhin Innovationen vorantreibt. Das stimmt vielleicht. Aber nicht selten verbirgt sich hinter dieser Besessenheit Angst.

Und da war eine Menge Angst. Angst vor der Meinung der Leute. Angst davor, Angestellte und Investoren zu enttäuschen. Angst vor dem Scheitern und was das über mich aussagen würde. Ich wandelte die Angst in Energie um, die mich vorantrieb, mich anheizte, um zu gewinnen und Erfolg zu haben, ohne dabei auf meinen Körper achtzugeben, auf das Hier und Jetzt, und ich habe den Preis dafür bezahlt.

Oft zahlen wir den Preis des Schmerzes dafür, wenn wir nicht in der Gegenwart leben.

Inzwischen verstehe ich, was der Mönch meinte. Man kann sich dem gegenwärtigen Zustand ergeben, dem Augenblick. Wenn ich jetzt Angst bei mir registriere, sage ich mir: »Das ist okay.« Ohne sie beiseitezuschieben oder sie als Treibstoff zu nutzen. Ein sanftes Ja zu mir selbst. Zum Moment, zu dem, was mein Verstand mir eingibt.

Oft reicht das aus, um aus der Angst die Luft herauszulassen. Von dort schalte ich auf die Wahrheit der Selbstliebe um.

Mit diesem Wissen wird mir klar, dass ich trotzdem eine erfolgreiche Firma hätte aufbauen können, eine wunderbare Beziehung führen, auf meine Gesundheit achten und meine Freundin vor ihrem Tod hätte kontaktieren können, um ihr zu sagen, wie sehr ich sie liebte. Das alles hätte ich aus einer Position der Güte vermocht, aus einer Position der Selbstliebe.

Aber ich kann die Vergangenheit nicht ungeschehen machen. Ich kann nur aus ihr lernen. Das ist okay. Wenn ich mein Wissen in die Tat umsetze, werden Gegenwart und Zukunft zu einem wunderschönen Ort.

ES SCHLEIFEN LASSEN

Während ich diese Worte schreibe, bin ich so deprimiert wie lange nicht. Es läuft … *so lala*. Nicht so schlecht wie ganz am Anfang, aber mein Leben inspiriert mich nicht. Läuft eine Zeit lang alles gut, gewöhnen wir uns daran und glauben, dass es so bleibt. Die Psychologie nennt das den Rezenzeffekt. Steckst du gerade tief in der Scheiße, kommt es dir so vor, als wäre es für immer so. Scheinbar gibt es keinen Ausweg. Läuft es dagegen super, benimmst du dich, als ginge es ewig so weiter.

Deshalb frage ich mich: *Warum bin ich überhaupt deprimiert? Warum ist mein Leben kein Ausdruck von … nun ja, Großartigkeit?* Wer Letzteres einmal erlebt hat und weiß, dass es möglich ist, sollte alles tun, damit es so bleibt. Es ist einfach zu gut.

Die Antwort lautet: Ich bin faul. Als ich krank war, habe ich mich mit aller Macht auf meine Gedanken konzentriert. Aber als das Leben zuerst gut, dann großartig wurde, fing ich an, es schleifen zu lassen. Die Gedanken ließ ich ihrer Wege gehen. Ich verzichtete tagelang, dann wochenlang aufs Meditieren. Mich selbst zu lieben wurde zu etwas, das ich als gegeben hinnahm, worauf ich jedoch nicht weiter hinarbeitete.

Plötzlich bin ich an dem Punkt, wo es sich merkwürdig anfühlt, wenn ich die Mentalschleife »Ich liebe mich selbst« wiederhole. Ich ertappe mich dabei, wie ich nach weniger wirkmächtigen Worten suche. Nach einem Ausdruck, der sich passend anfühlt.

Aber wenn das Wort Liebe nicht richtig ist, wird es auch kein anderes sein.

Ironischerweise war ich derjenige, der diese Wahrheit an seine Freunde weitergegeben hat. »Liebt euch selbst«, habe ich zu ihnen gesagt. »Seht, was es bei mir bewirkt hat. Es funktioniert, es funktioniert wirklich.« Stimmt alles. Aber wer will sich schon in Finanzfragen von einem Mann beraten lassen, der gerade so über die Runden kommt?

Deshalb stelle ich mir die Frage: »Wenn ich mich zutiefst und aufrichtig lieben würde, was würde ich tun?« Ich finde diese Frage super. In ihr liegt keine Bedrohung, es gibt keine richtige oder falsche Antwort, in ihr liegt nur die Einladung zu meiner Wahrheit im gegenwärtigen Moment.

Die Antwort ist simpel: Ich würde mich zu der Übung verpflichten. Und ich würde auch diese Lektion an andere weitergeben, nämlich: Lasst es nicht schleifen, wenn es super läuft. Es ist leicht, sich Gesundheit herbeizuwünschen, wenn man krank ist. Wenn es einem gut geht, braucht man genauso viel Umsicht.

Ehrlich gesagt macht es mir ein bisschen Angst. Wenn man aus dem tiefen Loch herauskriecht und es gut geht, ist es großartig. Aber wenn es im Leben läuft und man zusätzlich die Übung macht, was kann dann noch kommen? Kann ich damit umgehen? Verflucht, verdiene ich es überhaupt?

Das ist ein hübscher Streich, den das Gedankenkarussell einem spielt. Deshalb komme ich auf die Frage zurück: »Wenn ich mich selbst zutiefst und aufrichtig lieben würde, was würde ich tun?« Die Antwort ist einfach: Ich würde fliegen. So hoch, wie ich nur kann. Und dann noch höher.

Und jetzt, wenn ich mich entschuldigen darf, gehe ich meditieren.

GLAUBENSSÄTZE

Ein Nebeneffekt meiner unerschütterlichen Selbstliebe bestand darin, dass sie alte negative Glaubenssätze auszulöschen begann, von deren Existenz ich nicht einmal wusste. Ob ich nun Kaffee mit einer Freundin trank oder ein Buch las, mir kamen blitzartig Selbsterkenntnisse. Sie waren glasklar. Es war, als wäre mein Leben ein Kartenspiel, bei dem jede Spielkarte eine Situation aus meiner Vergangenheit zeigt, die nun alle auf mich herabflatterten, und mein einziger Gedanke war: *Oh Gott, jetzt ergibt alles einen Sinn*.

Zum Beispiel habe immer gewusst, dass ich mich immer weiterentwickeln möchte. Wenn ich nicht das Gefühl habe, zu wachsen, lasse ich mich treiben, bin deprimiert. Aber wovon ich nichts wusste, bis die Übung der Selbstliebe es mir zeigte, war mein Glaubenssatz: Echte Weiterentwicklung passiert durch intensive, schwierige und herausfordernde Situationen.

Könnt ihr euch vorstellen, wie das meinen Lebensweg bestimmt hat?

Mir war sofort klar, woher es kam. Das erste Mal, als ich das Gefühl hatte, mich so weiterzuentwickeln, dass ich nicht mehr derselbe wie zuvor war, sondern viel besser: im Infanterie-Ausbildungslager der US-Armee. War es intensiv? Ja. War es schwierig? Ja. War es herausfordernd? Jeden Tag. War es unbeschwert oder freudvoll? Auf keinen Fall. Militärprotokolle hatten es über Hunderte von Jahren darauf getrimmt, furchtbar zu sein. Dennoch habe ich diese Zeit immer als eine prägende Erfahrung betrachtet, auf die ich stolz sein darf. Ich trat als unsicherer Achtzehnjähriger an und wurde mit dem Wissen entlassen, mit allem klarzukommen, was mir begegnet. Das war Wachstum.

Was wir glauben, ist das, was wir suchen, es ist der Filter, durch den wir unser Leben betrachten. Ich habe mich aktiv in intensive und schwierige Situationen gestürzt. Alles Situationen, in denen ich mich weiterentwickelt habe, aber zu welchem Preis?

Ein anderes Beispiel. Während ich meine Firma aufbaute, war ich verschrien als jemand, der vom Wunsch nach Erfolg getrieben war. Das haben mir viele gesagt. Bevor ich begann, mich selbst zu lieben, glaubte ich das ebenfalls. Doch dann wachte ich eines Tages auf, während ein Scheinwerfer diesen Glaubenssatz beleuchtete, und die Wahrheit sah etwas anders aus: Ich war vom Wunsch getrieben, nicht zu versagen.

Ein Riesenunterschied. Kein Wunder, dass meine Firma den Weg ging, den sie ging. Die intensive und stetige Arbeit, um sie weiter voranzutreiben, einen Schritt von der Katastrophe entfernt, obwohl ich es immer wieder schaffte, und dann dazu überging, die nächste Katastrophe abzuwenden. Ich scheiterte zwar nie, aber die Firma war nie so erfolgreich, wie ich es erhofft hatte.

Doch es hatte auch etwas Gutes. Sobald der Scheinwerfer aus dir selbst herausleuchtet, führt kein Weg mehr zurück. Die Glaubensmuster, die dich zurückgehalten haben, bröckeln von ganz allein. Wie eine rostige alte Rüstung, von der du dich befreist. Mit jeder Erkenntnis geht mehr Freiheit einher. Ein Gefühl der Leichtigkeit. Wachstum.

SAUERSTOFF

Nach meinem Vortrag auf dem *Renaissance Weekend* sagte jemand zu mir: »Sie müssen zuerst andere lieben.«

Bei allem Respekt, ich bin anderer Meinung. Es gilt das Gleiche wie bei den Sicherheitshinweisen vor dem Start eines Flugzeugs; wenn im Notfall Sicherheitsmasken von oben herabfallen, legen Sie zuerst Ihre an, bevor Sie anderen helfen.

Als ich anfing, mich selbst zu lieben, veränderte sich etwas in mir. Angst stärkt das Ego. Liebe besänftigt es. Ich wurde offener, verletzlich. Es war selbstverständlich, andere mit Samthandschuhen zu behandeln, selbst wenn sie sich mir gegenüber nicht liebevoll verhielten. Und in schwierigen Zeiten kannte ich die Ressourcen – die Gedankenschleife, die Meditation, der Spiegel, die Frage –, um zur Selbstliebe zurückzukehren.

Darin liegt Macht. Statt auf Situationen zu reagieren, konnte ich mich auf einmal entscheiden, wie ich sein wollte. Das wiederum schuf bessere Situationen – und letztendlich ein viel besseres Leben.

WO ICH HINWILL

Ich liege auf dem Rücken auf einem Hügel, das Gras kitzelt mich im Nacken. Ein wunderschöner Sommertag, blauer Himmel. Wolken treiben über mir. Jede einzelne ein Gedanke. Ich beobachte sie, nehme sie als das, was sie sind. Statt meine Wahrnehmung an sie alle zu hängen, suche ich mir nur diejenigen aus, auf die ich mich konzentrieren will. Oder eben nicht. Die Wahl bleibt immer mir überlassen.

Die Gedanken kommen. Treiben dahin, verdrehen sich, verändern ihre Form. Das liegt in ihrer Natur. Ich wähle mir einen für den Augenblick aus und lasse ihn los, bin nicht daran gebunden. Ich erlebe nur das, wofür ich mich entscheide. Alles durch den Filter der Liebe. Mehr nicht.

ENDE

Bevor wir massenhaft Selbsthilfebücher verschlingen, Dutzende Seminare besuchen oder den Worten diverser Prediger lauschen, sollten wir uns eine Sache aussuchen. Etwas, das sich für uns richtig anfühlt. Und es dann entschlossen umsetzen.

Alles daransetzen, uns richtig reinknien. So geschieht Magie. Wenn das Leben unsere Erwartungen haushoch übertrifft.

Ich habe etwas gefunden, worauf ich gesetzt habe. Es entstand aus großem Schmerz, aus einem »Nicht mehr«. Aber so muss es nicht sein. Es kann von einem Freund kommen, aus einem Buch, von einem oder einer Geliebten. Es kann aus einer Freude heraus entstehen.

Wenn sich etwas für dich richtig anfühlt, dann tu es. Die Details spielen wirklich keine Rolle. Wichtig ist allein die Umsetzung, das Engagement, deine Wahrheit zu leben.

Die Ergebnisse sind es wert.

Ich wünsche sie dir.

TEIL II

DIE ANLEITUNG

MEINE ABSICHT

Als ich Teil I schrieb, »Der Schwur«, war meine Absicht klar: Ganz gleich, welche Bedenken meine Leserinnen und Leser zu Beginn der Lektüre hatten, wenn sie damit fertig wären, wären sie hinreichend überzeugt, um der Selbstliebe eine Chance zu geben.

Der Grund war simpel: Ich hatte die Magie erlebt, die Selbstliebe mir geschenkt hatte. Ich hatte sie auch bei anderen gesehen, an die ich die Übung weitergegeben hatte. Deshalb wusste ich, dass auch ihr, wenn ihr schlicht und einfach umsetzt, was ich getan hatte, es erleben würdet.

Sobald du die Magie erfährst, die aus Selbstliebe entsteht, verändert sich etwas in dir. Du kannst es schleifen lassen, du kannst aufgeben, aber du kannst dich nicht darüber in die Tasche lügen, was möglich ist.

Teil II, »Die Anleitung«, ist aus meinen Antworten entstanden, die ich Tausenden von Lesern auf ihre E-Mails gegeben habe. Durch sie habe ich erfahren, dass der erste Teil trotz seines Erfolges nicht ausreichte. Es gab zwei Grundsatzfragen, die ich noch behandeln musste.

Die erste: *Wie kann ich das problemlos auf mein Leben anwenden?* Und die zweite: *Wie mache ich es nachhaltig?*

Meine Absicht ist es, diese Gedanken gerne zu entschlüsseln. Daher will ich allen eine klar umrissene Anleitung mit auf den Weg geben, wie man sich selbst liebt. Eine Anleitung, die leicht anzuwenden, effektiv und nachhaltig ist.

Deshalb haltet ihr nun einen Schritt-für-Schritt-Ratgeber zur Selbstliebe in der Hand. Er nimmt die ursprüngliche Übung als Grundlage und geht tiefer. Außerdem enthält er alles, was ich im Laufe der Jahre gelernt habe, um die Übung wirkungsvoller zu machen. Nach der Lektüre könnt ihr verstehen, dass sich selbst zu lieben nicht nur möglich, sondern kinderleicht ist.

Aber was am wichtigsten ist: Ihr werdet genau wissen, wie es geht.

SPRING!

Ich weiß nicht, wie du zu diesem Buch gekommen bist oder wo du in deinem Leben gerade stehst. Aber so viel weiß ich: Wir können uns immer wieder besser fühlen; wir können immer wieder neu anfangen. Dafür gibt es keinen perfekten Zeitpunkt. Es erfordert weder Vorbereitung noch eine bestimmte Gemütsverfassung. Nur eine Selbstverpflichtung im Hier und Jetzt.

Es ist, als würde man am Rand einer Klippe über dem Meer stehen. Man kann so oft tief Luft holen, wie man will, aber letztendlich muss man springen.

Und so werden wir es machen:

Zuerst heben wir das Fundament aus. Du wirst dir selbst vergeben und deinen Schwur ablegen. Diese Handlungen sind eine Erklärung ans Leben selbst. Sie verändern alles.

Dann wirst du dich in die Übung stürzen – Gedankenschleife, Meditation, Spiegel, Frage – und die jeweiligen Nuancen kennenlernen. Du wirst lernen, wie du die Übung konkret auf dein Leben anwendest und sie dauerhaft integrierst. Das wird das Fundament festigen.

Schließlich werden wir auf dem Fundament aufbauen. Wie Selbstliebe sich auf deine Vergangenheit, Gegenwart und Zukunft anwenden lässt; wie du sie nutzen kannst, um anderen Liebe zu schenken; was zu tun ist, wenn du leidest; und wie du deine Liebe mit etwas verbinden kannst, das größer ist als du selbst. Abschließen werden wir mit praktischen Tipps, wie du diese Lebensweise umsetzen kannst.

Ich werde dich anleiten und dort, wo es hilfreich ist, genau aufschlüsseln, was zu tun ist. Alles basiert auf meinen Erfahrungen. Und da wir beide Menschen sind, wird das, was bei mir funktioniert hat, auch bei dir gelingen.

Ich habe einen Vorschlag: Verheddere dich nicht in den Details. Solltest du verwirrt sein, denke daran, dass es auf deine Absicht ankommt. Und die einzige Absicht, die wir hierfür benötigen, ist echte und fokussierte Liebe für sich selbst.

Bereit? Springen wir …

ALS ERSTES: VERGIB DIR SELBST

Bevor du in die Zukunft trittst, musst du die Fesseln der Vergangenheit lösen.

Ich verstehe nicht, wieso wir so hart daran arbeiten, anderen zu vergeben, ohne dem einzigen Menschen zu vergeben, über den wir Macht haben – uns selbst. Alle Freiheit kommt von innen. Selbst wenn du anderen vergeben möchtest, musst du zuerst dir selbst vergeben. Nur wer frei ist, kann andere befreien.

Ich brauchte eine Weile, um das zu begreifen. Doch als ich es umsetzte, fügte es meiner Selbstliebe eine neue Ebene hinzu, die ich vorher nicht erlebt hatte. Es ist simpel und absolut befreiend.

Stell dir vor, alles loszulassen, was du dir selbst nachträgst. Denn das bewirkt es. Und es führt dich aufs Schönste zu dem Schwur, dich selbst zu lieben.

VERSUCH DAS MAL: VERGIB DIR SELBST

Schritt 1: Begib dich an einen Ort, wo du ungestört bist. Je weniger Ablenkung du von den Anwendungen dieser Anleitung hast, desto besser. Mein Lieblingsort dafür ist draußen in der Natur. Such dir zumindest einen Ort aus, an dem du dich wohlfühlst.

Schritt 2: Wenn du bereit bist, schreib alles auf, was du dir nachträgst. Jeden einzelnen Punkt. Halte bitte nichts zurück. Dies ist deine Heilung. Sie ist heilig. Egal, welche Gefühle hochkommen, spüre ihnen in vollem Umfang nach und lasse sie dann vorüberziehen. Für die Magie, die du danach erfahren wirst, lohnt es sich.

Schritt 3: Sind die Gefühle vorübergezogen, denk daran, dass du ein Mensch bist. Daher liegt es in deiner Natur, Fehler zu machen. Es ist die Bedingung für die Existenz auf diesem Planeten. Verinnerliche das einen Augenblick.

Schritt 4: Schreib auf, dass du dir vergibst. Lies das Ganze laut vor. Immer und immer wieder, bis du spürst, dass sich etwas in dir verändert.

Vielleicht musst du es mehrmals aufschreiben, bis du die Veränderung spürst. In dem Fall schreib es so oft auf und lies es so oft laut vor, bis du bereit bist, es loszulassen. Denk daran, du bist es wert.

Schritt 5: Nimm dir den Zettel, auf den du geschrieben hast, und vernichte ihn.

Du kannst ihn zerreißen. Du kannst ihn ins Meer, in einen See oder in einen Fluss werfen. Du kannst ihn in den Müll schmeißen, in Brand setzen oder in der Toilette hinunterspülen. Du kannst ihn an einer Rakete befestigen und ihn ins All schießen.

Wie du ihn vernichtest, spielt wirklich keine Rolle. Du wirfst alles weg, das du dir selbst verübelt hast. Die Handlung selbst hat Symbolwert. Worauf es ankommt, ist die Reinheit deiner Absicht.

Lass durch diese Handlung den Zettel – und alles, wofür er steht – von dir fortnehmen. Lass das Leben ihn von dir fortnehmen. Lass die Liebe ihn von dir fortnehmen. Lass ihn los. Dir wurde von dem Menschen vergeben, von dem du es am meisten brauchst: von dir selbst.

ZWEITENS: DEIN SCHWUR

Als ich den Schwur, mich selbst zu lieben, zum ersten Mal aufschrieb, war ich verzweifelt. Ich musste mich retten. Ich weiß noch, wie fest ich diesen Füller hielt, wie er durchs Papier und auf den Holzschreibtisch drückte.

Als ich fertig war, legte ich den Füller weg und sah entgeistert auf mein Tagebuch. Was hatte ich getan?

Vor mir, in meiner Handschrift, in schwarzer Tinte, stand ein Schwur. Und ein Schwur ist eine hundertprozentige Selbstverpflichtung. Ein heiliger Akt sich selbst gegenüber. Davor gab es kein Entrinnen.

Ich wusste nicht, wie ich mich lieben sollte, musste es aufgrund des Schwurs jedoch herausfinden. Also arbeitete ich, in meinem Schlafzimmer verschanzt, Tag für Tag und Nacht für Nacht an mir, bis ich es wusste.

Das machte einen Mann, der grandios gescheitert war und sich selbst hasste, zu einem Mann, der sich selbst liebte, der das Leben liebte und eine Magie in vielerlei Formen erfuhr, von deren Existenz er keine Ahnung gehabt hatte. Und der es Jahre später immer noch tut. Sogar noch mehr.

Das ist die Macht eines Schwurs. Er verändert alles.

Du setzt alles daran. Es gibt kein Zurück. Kein Versuchen oder Wollen oder Wünschen. Du tust es. Wenn du stolperst und fällst, stehst du wieder auf, klopfst dir den Staub ab und machst einfach weiter. Es gibt nur einen Weg – vorwärts.

Rückblickend bin ich immer noch erstaunt, dass ich wirklich ausgeklügelt habe, wie ich mich lieben kann. Aber es überrascht mich nicht mehr. Ich habe gelernt, was sich verändert, wenn man eine wahre Verpflichtung sich selbst gegenüber eingeht. Innerlich und äußerlich. Man spürt förmlich, wie das Leben um einen herum ins Wogen gerät.

Und bitte glaub mir – nur weil ich total am Ende war, heißt das nicht, dass du es auch sein musst. Jeder einzelne Moment in unserem Leben bietet die Chance, eine Selbstverpflichtung einzugehen. Ganz gleich, wo wir stehen, ganz gleich, wie gut oder schlecht die Lage gerade erscheint, dieser Moment ist der perfekte Moment, um Stellung zu beziehen. Um *nicht mehr* zu sagen zu dem, was uns nichts bringt, und kompromisslos *Ja* zu allem, was uns dient.

Es ist wirklich so einfach. Ich schwöre es dir.

Ich habe Selbstverpflichtungen genutzt, um meine Gesundheit, meine Fitness, meine Finanzen und meine Beziehungen zu verwandeln. Und natürlich die Verpflichtung, die alles verändert hat: mich selbst zu lieben. Ich gehe sie immer wieder ein.

Das Leben ist umfassender, als unser menschlicher Verstand begreifen kann. Wer wir sind hat viel größere Auswirkungen, als wir glauben. Daher profitieren auch unsere Mitmenschen davon, wenn wir uns verbessern. Und dann wieder deren Umfeld. Und so weiter. Die Auswirkungen unserer Selbstverpflichtungen sind viel größer als der erste Eindruck, den wir dadurch hinterlassen.

Ein Beispiel. Der Schwur, mich selbst zu lieben, hat mein Leben von Grund auf verändert. Aber das war nicht alles. Als ich die Übung an meine Freunde weitergab, verbesserte es auch ihr Leben, und im Gegenzug überzeugten sie mich davon, meine Gedanken dazu schriftlich festzuhalten. Aufgrund dieses einen Schwures seid ihr nun hier und lest meine Wahrheit.

Uns ist nicht gegeben, die Magie, die aus unseren Verpflichtungen resultiert, vorherzusehen. Denn sie reicht weit über uns hinaus. Wir müssen einfach darauf vertrauen. Und es wird jedes einzelne Mal geschehen.

Wenn du dir selbst gegenüber Verpflichtungen eingehen und sie einhalten willst, hat das einen Nebeneffekt: Dein Selbstvertrauen schnellt in die Höhe. Du gehst ganz anders durchs Leben. Besser kann ich es nicht beschreiben.

Dinge, vor denen du dich gefürchtet hast, sind auf einmal erreichbar, weil du weißt, dass du nur eine Selbstverpflichtung eingehen musst, dich richtig reinknien musst, und dann wirst du Schritt für Schritt den Weg finden und weiter vorangehen, als du es für möglich gehalten hättest. Mit der Zeit entwickelst du auf ganz natürliche Weise einen gesunden Respekt für den Menschen, zu dem du geworden bist.

Wenn du darüber nachdenkst, ist das eine fantastische Möglichkeit, sich selbst zu lieben.

VERSUCH DAS MAL: LEG DEINEN SCHWUR AB

Tu es am besten gleich, nachdem du dir vergeben hast. Gerade hast du die Vergangenheit zurückgelassen. Es gibt keinen besseren Zeitpunkt, in deine Zukunft zu treten.

Schritt 1: Setz dich mit einem Blatt Papier und einem Stift an einen ruhigen Ort. Einen Schwur mit der Hand zu schreiben hat etwas Erhabenes. Du kannst die Worte förmlich durch den Füller fließen sehen und die Seite spüren, die darunterliegt. Ich habe es mit dem Computer und dem Handy versucht, dabei aber nicht die gleiche Energie verspürt.

Schritt 2: Schreib den Schwur, dich selbst zutiefst und aufrichtig zu lieben, in jeder erdenklichen Form auf. Setze dabei so viel Pathos ein, dass dir dabei ein wenig anders wird. Wenn du möchtest, kannst du meinen als Orientierungshilfe nutzen.

Er kann so lang oder so kurz sein, wie du möchtest. Entscheidend ist allein, wozu er dich inspiriert.

Schritt 3: Wenn du glaubst, deinen Schwur noch einmal zu überarbeiten zu müssen, schreib ihn komplett neu nieder. Spüre die Macht des vollständigen

Schwurs. Je mehr Energie du hineinlegst, umso mehr wirst du zurückbekommen.

Schritt 4: Lies dir den Schwur laut vor. Immer wieder, bis du spürst, wie er in dir schwingt.

Schritt 5: Leg den Zettel an einen Ort, wo du ihn tagtäglich sehen kannst, am besten mehrmals am Tag. Für mich ist es ein Tagebuch auf meinem Schreibtisch. Doch im Grunde ist es egal, wohin du ihn legst. Du kennst den richtigen Platz.

Du kannst auch ein Foto der Niederschrift als Erinnerung an deinen Schwur auf deinem Handy bei dir tragen. Aber wann immer dein Leben es erlaubt, kehre an den Ort deines Schwurs zurück. Nach einer Weile wirst du feststellen, dass dein Verstand, immer wenn du auf den Zettel zurückkommst, der Macht des Schwurs – und seiner Resultate – auf ganz natürliche Weise verfällt. Er ist ein fassbares Dokument deiner Selbstverpflichtung. Dein Unterbewusstsein wird es wiedererkennen.

Schritt 6: Lies den Schwur täglich. Allermindestens zweimal – einmal zu Tagesbeginn, einmal am Abend. Je öfter du das tust, umso tiefer ebnet sich der Pfad.

Du kannst den Schwur laut lesen oder in Gedanken. Aber spüre jedes Mal der Macht deines

Schwures nach. Stell dir vor, wie es wäre, dich selbst aufrichtig und bedingungslos zu lieben. Stell dir vor, wie dein Leben aussähe. Spüre es. Es dir vorzustellen und es zu spüren ist wichtig. Verzichte nicht darauf.

Wenn du diese Übung irgendwann mal – und das hoffe ich – wiederaufnehmen möchtest, schreib einen ganz neuen Schwur. Dein Schwur sollte widerspiegeln, wer du in diesem Moment deines Lebens bist. So wird er größere Wirkung haben.

ZEHN ATEMZÜGE

Bevor wir uns in die Übung selbst stürzen, möchte ich dir eine Sache mitteilen, die sie auf Dauer nutzbar gemacht hat. Vielleicht lachst du darüber, wie einfach es ist. Aber genau diese Einfachheit ist der Grund dafür, warum es funktioniert.

Den ganzen Tag über, ganz gleich, was ich gerade tue, halte ich inne und nehme zehn Atemzüge. Das ist alles.

Aber das sind keine normalen Atemzüge. Sie sind tief und langsam und ganz bewusst. Ein totales Umschalten von meinen Gedanken auf den reinen Fokus, mich selbst zu lieben.

Beim Einatmen sage ich mir: »Ich liebe mich selbst.« Ich spüre, wie von oben Licht eindringt und tut, was es eben tut. Wenn ich ausatme, lasse ich alles vom Licht beseitigen, was wegmuss. Ich kontrolliere nichts, erzwinge nichts, lasse nur zu. Gewissermaßen ergebe ich mich.

Ursprünglich habe ich mir das ausgedacht, um meine Bequemlichkeit zu überwinden. Ganz gleich, wie gut es lief, irgendwann fing ich an, es schleifen zu lassen. Ich musste eine Methode erschaffen, die so simpel war, dass ich sie auf keinen Fall weglassen konnte. Und das hat diese Übung bewirkt.

Denk daran: Wenn du das volle Ausmaß der Magie spüren willst, setze alles daran. Fokussiere jeden einzelnen bewussten Atemzug darauf, dich selbst zu lieben. So bleibst du in Schwung, ehe du bequem wirst. Und es ist so effizient, dass du keine Ausrede dafür hast, es wegzulassen.

Wenn du mich jemals im Fitnessstudio siehst, wird dir auffallen, dass ich nach dem Training an den Spiegel trete, mir eine Weile in die Augen sehe und lächele. Dann hast du mich bei einer Übung ertappt, die ich *Zehn-Atemzüge-Spiegel* genannt habe.

Oder wenn ich vor meinem Haus stehe, wirst du beobachten können, wie ich innehalte, eine Weile zum Himmel hinaufblicke und erst dann hineingehe. Dann habe ich die *Zehn-Atemzüge-Gedankenschleife* durchgeführt.

Mein Tag ist von diesen Augenblicken erfüllt. Und warum auch nicht? Sie fühlen sich gut an, sie vertiefen den Pfad der Selbstliebe und erzeugen Magie in meinem Leben. Und was am wichtigsten ist: Ich kann diese Übungen überall und jederzeit machen.

Wenn wir im Laufe dieser Anleitung die Übung durchgehen, flechten wir die zehn Atemzüge ein, damit du siehst, wie ich sie durchführe. Das sollte dir eine Vorstellung davon geben, wie du sie in dein Leben integrieren kannst.

DRITTENS: MACH DIE ÜBUNG

Mein erster Beruf war in der klinischen Forschung. Ich kam frisch vom College, sammelte Daten in Notaufnahmen und hoffte, so vielleicht einen Studienplatz für Medizin ergattern zu können.

Aber wie das Leben so spielt, habe ich mich ins Schreiben verliebt. Dann entdeckte ich Start-ups, und das Medizinstudium war passé. Doch diese Erfahrung hinterließ bei mir Spuren. In gewisser Weise führte sie mich direkt zu der Übung.

Nachdem ich meinen Schwur abgelegt hatte, fehlte mir eine Methode, wie ich mich selbst lieben sollte. Wem von uns hat man das je beigebracht? Also fing ich an, gedanklich alles Mögliche auszuprobieren. Ich versuchte jede Dummheit, die mir einfiel. Ob es töricht oder zu simpel erschien, war mir egal. Mich interessierte nur eins: dass es funktionierte.

Im Grunde führte ich in Gedanken klinische Versuche durch. Erhob Stichproben von der einzigen Person, die ich retten musste – von mir selbst.

Und so wusste ich, dass etwas funktionierte: Es rückte mich fort von dem Elend, in dem ich mich befand. Wenn es das tat, machte ich es öfter und ging tiefer. Wenn es nicht mehr wirkte oder schwächer wurde, verwarf ich es. Ich fühlte mich nur an Resultate gebunden.

Schlussendlich blieben vier Dinge übrig:

- Die Gedankenschleife
- Die Meditation
- Der Spiegel
- Die Frage

Wenn ich sie auf einer Zeitachse festmachen würde, kam die Gedankenschleife zuerst. Dann die Meditation. Dann der Spiegel. Die Frage ergab sich, als ich mich mit anderen Menschen und ihren Dramen auseinandersetzte. Jeder Baustein wirkt auf eigene Weise.

Die Versuchung liegt nahe, nur eine der Übungen zu praktizieren. Tritt lieber nicht in diese Falle. Zwar ist jede einzelne Übung wirkmächtig, aber aufeinander aufbauend verstärken sich ihre Effekte gegenseitig. Und das hat mein Leben mit Magie erfüllt.

Außerdem hast du eben geschworen, dich selbst zu lieben. Du schuldest es dir selbst, alles daranzusetzen

DIE ÜBUNG:
1. GEDANKENSCHLEIFE

Nachdem ich den Schwur aufgeschrieben und alles ausprobiert hatte, was funktionieren könnte, stellte ich während meiner Gedankenschleife kurze Momente fest, in denen ich mich wirklich davon überzeugte, mich selbst zu lieben, wenn ich es mir immer wieder vorsagte.

Zuerst kam es mir so vor, als hätte ich mein Gehirn ausgetrickst. Für mich war es normal, mich zu hassen, unglücklich zu sein, weshalb sich dieser Ausbruch von Liebe für mich selbst … selbst wenn er nur ein oder zwei Sekunden andauerte, nun ja … merkwürdig anfühlte.

Aber da war etwas. Etwas Besonderes. Im tiefsten Inneren wusste ich es.

Je öfter ich das Gefühl verspürte, umso schneller veränderte sich meine Gemütsverfassung. Deshalb fügte ich der Gedankenschleife ganz bewusst Gefühl hinzu. Ich zwang mich sogar dazu, Liebe für mich zu empfinden. Das war die Nuance, die mich auf die nächste Ebene hob.

Je öfter ich das tat, umso besser wurde ich darin. Umso besser wurde mein Leben. Es ist, als kreierten Gedanken und Gefühle zusammengenommen eine Transformation auf einer höheren Ebene als Gedanken allein.

Nach einer Weile wurde es leichter. Der Pfad ebnete sich. Ich erinnere mich noch daran, als ich zum ersten Mal spürte, wie das Gefühl von selbst entstand. Ich stand vor meinem Wohnhaus, blickte zum Himmel hinauf, und es traf mich mit voller Wucht – dieses Gefühl, mich selbst zu lieben. So natürlich. So wahr.

Ich musste den Moment festhalten. Vielleicht, um mich daran zu erinnern, dass es wirklich passiert war. Ich glaubte immer noch nicht, dass dies meine Realität war, und hatte Angst, dass es wieder verschwinden würde. Deshalb rannte ich in meine Wohnung hinauf und schrieb das Kapitel mit der Überschrift »Magie«.

Wenn man die Gedankenschleife in emotionaler Stimmung durchführt, fühlt es sich zunächst merkwürdig an. Es könnte einem so vorkommen, als täusche man das Hochgefühl nur vor. Als sei es nicht echt. In dem Fall stell dir diese Frage: *Ist dieser Lärm in meinem Kopf echt?*

Es sind nur Schleifen über Gedankenschleifen, alte Pfade und Muster, die von selbst ablaufen. Konfetti des Gehirns. Selbst wenn du eines davon in deinem Kopf lösen kannst, wird am nächsten Tag eine neue Version davon auftauchen. Selbst wenn du heute deine Wut auf jemanden loslässt, kannst du in der nächsten Woche eine neue Wut auf jemand anderen verspüren. Außer der Schaufensterdekoration hat sich nichts geändert.

Deshalb ist das Anlegen dieses Neuronenpfades so effektiv. Da wir bereits für die Liebe verschaltet sind, durchdringt sie den Wirrwarr und siebt den Unrat auf natürliche Weise heraus. Alte Gedankenmuster verlieren ihre Macht.

Als ich am Boden zerstört war, stellte sich mir nicht die Frage, warum mein Gehirn auf Angst basierende Gedanken bevorzugte. Wenn man in Flammen steht, will man nicht über die Beschaffenheit von Bränden belehrt werden. Man will Wasser. Deshalb habe ich mich, statt gegen die Gedanken in meinem Kopf anzukämpfen, auf den einzigen fokussiert, der von Bedeutung war. Auf den, der mich rettete. Ich lebte, wie ein kluger Freund sagte, das Leben von innen heraus.

Das hat mich hierhergebracht. Darum geht es bei der Gedankenschleife.

VERSUCH DAS MAL: DIE GEDANKENSCHLEIFE

Die Gedankenschleife ist der einfachste Teil der Übung. Wiederhole einfach zu jeder sich bietenden Gelegenheit: »Ich liebe mich selbst.« Entweder laut oder in Gedanken, was sich für dich richtig anfühlt. Das ist alles.

Dadurch lenkst du deine Gedanken auf eine fokussierte Bahn um. Du holst ein Tuch hervor und putzt das Fenster. Licht wird hereinfallen. Das tut es immer.

Vielleicht rebelliert dein Verstand dagegen. Schließlich ist es nicht normal, unsere vielen Gedanken ganz bewusst nur auf einen einzuschränken. Es ist eine Form geistiger Disziplin, die uns nie beigebracht wurde. Deshalb werden wahrscheinlich Erinnerungen und Gefühle in dir aufsteigen und dir das Gegenteil weismachen wollen.

Erstens: Das ist zu erwarten. Geh behutsam mit dir um und mach weiter. Der bloße Akt, diesen neuen Pfad zu schaffen, ist eine Form der Selbstliebe.

Zweitens: Hör nicht auf die Ängste. Es sind halluzinierte Schlangen, jede einzelne davon. Um dich zu retten, musst du sie durchschreiten.

Wenn ein Held zu einer Schatzsuche aufbricht, rechnet er damit, auf seinem Weg Hindernisse vorzufinden. Das gehört zum großen Abenteuer dazu. Du bist der Held oder die

Heldin deiner Geschichte. Halluzinierte Schlangen sind deine Hindernisse

Drittens: Durch die halluzinierten Schlangen hindurchzugehen erzeugt Selbstvertrauen. Dir wird bewusst, dass du stärker bist als deine Trugbilder. Doch das kann kein Buch und kein Mensch für dich tun. Nur du selbst.

Sobald du dich ein bisschen an die Gedankenschleife gewöhnt hast – und das dauert nur ein oder zwei Tage –, füge Gefühl hinzu. Das wird dich auf die nächste Ebene heben.

Warum überhaupt warten? Weil das Gehirn heftiger rebelliert, wenn man alles am Anfang macht. Deshalb ist es am besten, Schritt für Schritt vorzugehen. Fang mit einer Rinne an, um sie dann tiefer zu graben. Das Wasser wird fließen.

Um Gefühl hinzuzufügen, atme langsam und bewusst. Beim Einatmen sag dir »Ich liebe mich selbst« und spüre, wie die Liebe in deiner Brust aufsteigt. Es hilft, sich die Liebe als Licht vorzustellen. Beim Ausatmen lass alles los, was hochkommt. Nichts wird erzwungen oder vorgetäuscht. Es ist eher ein Zulassen, weil deine Liebe bereits in dir ist.

Je öfter du das tust, umso tiefer wird die Rinne. Umso fester setzt sie sich in dein Unterbewusstsein. Umso öfter fangen deine Gedanken an, von selbst diese Bahn zu nehmen, bis dein Verstand am Ende in den meisten Fällen auf diese Weise reagiert.

Manche sagen lieber »Ich liebe mich«. Andere »Ich werde geliebt«. Alle Variationen funktionieren. Vergiss nicht: Es ist die Absicht hinter den Worten, die zählt. In diesem Fall ist deine Absicht ein reiner Fokus auf die Liebe zu dir selbst.

Wenn du anfängst, sei wie besessen von der Gedankenschleife. Führe sie so oft durch, wie du nur kannst. Du wirst die inneren Veränderungen an dir bemerken, dann auch die äußerlichen. Setze alles daran.

Doch wenn es dir wie mir geht und auf einmal alles super läuft, wirst du nachlassen. Das ist in Ordnung. Das Leben ist lang und hat seinen eigenen Rhythmus. Doch darin liegt die Gefahr: Wenn du aufhörst, gleitet das Gehirn in die alten Gewohnheiten ab.

Es geht zwar nie ganz bis zum Ausgangspunkt zurück – immerhin hast du eine mächtige neue Spur geschaffen –, aber die Rinnen der Vergangenheit sind tief. Sie sind im Laufe eines ganzen Lebens gegraben worden. Damit musst du es nun aufnehmen.

Auf den nächsten Seiten erfährst du, wie es dir gelingen kann.

WENN DU AUFWACHST

Nimm einen langen und tiefen Atemzug und sag dir in Gedanken oder laut »Ich liebe mich selbst«. Stell dir vor, wie von oben Licht in deinen Kopf fließt, sich in deinem Körper verteilt und dahin strömt, wo es gebraucht wird. Spüre, wie es sich anfühlt, dich selbst zu lieben. Dann atme aus.

Mach das zehn Atemzüge lang.

Es ist ein wunderbarer Start in den Tag.

AM TAG

Wann immer du feststellst, dass deine Gedanken in die Dunkelheit abschweifen – zu Wut, Kränkung, Schmerz, Angst und so weiter –, hol dir gedanklich ein Tuch hervor und wische das Fenster.

Verleg dich aufs *Umschalten*. Wenn du feststellst, dass dein Verstand sich in einer negativen Schleife befindet, schalte auf Selbstliebe um. Mach das den ganzen Tag. Umschalten. Umschalten. Umschalten.

Jedes Mal, wenn du umschaltest, führst du die Gedankenschleife intensiv zehn tiefe Atemzüge lang durch. Wenn du einen schwierigen Moment hast oder dich gestresst fühlst, hilft es wirklich, innezuhalten und das zu tun. Es wird dir auch zeigen, dass wir letztlich selbst sowohl für unseren Kummer als auch für unsere Heilung verantwortlich sind. Und Heilung ist in jedem Moment für uns erreichbar.

Denk daran: Mit jedem Umschalten vertiefst du die neuen Pfade deiner Gedanken. Was sich anfangs vielleicht wie Arbeit anfühlt, wird irgendwann ein natürlicher Vorgang. Es wird ganz von selbst funktionieren.

EINSCHLAFEN

Wiederhole einfach das, was du nach dem Aufwachen getan hast. Nur, dass du jetzt nicht damit aufhörst. Du tust es einfach, bis du einschläfst.

Deine Gedanken werden abschweifen, was ganz natürlich ist, aber jedes Mal, wenn es dir auffällt, schieb sie zurück auf deine neue Rinne. Das ist eine unglaublich effektive Zeit. So legst du deine Selbstliebe Schicht über Schicht in dein Unterbewusstsein, während du in den Schlaf gleitest.

Das ist auch ein wunderbarer Tagesabschluss.

DIE ÜBUNG:
2. MEDITATION

Die Meditation ist der wirksamste Teil der Übung.

Aber vielleicht spürst du die Wirkung nicht sofort. Oft sitzt man nur da, während die Gedanken in alle Himmelsrichtungen abschweifen, und fragt sich, was aus seinem Leben geworden ist, wie man an diesen Punkt gekommen ist, warum einem die Nase juckt, ob man das Geld für dieses Buch neulich zurückerstattet bekommt …

Dennoch gibt es trotz alledem Momente der Stille. In denen dein Verstand sich nicht mehr querstellt. In die das Licht dringt. Und diese Momente reichen aus.

Denk an die heilende Wirkung des Lichts. Es schafft Veränderung. Es gibt für uns nichts zu tun, als es hineinzulassen. Kein Forcieren, nur Zulassen.

Was mir dabei wirklich geholfen hat, war die Musik, die meine Meditation begleitete. Es war Musik, mit der ich positive Assoziationen verband. Da ich beim Zuhören ein angenehmes Gefühl hatte, fiel es mir leichter, mich in diesen meditativen Zustand zu versetzen, wenn ich die Augen schloss. Innerhalb einer Woche schaltete mein Gehirn automatisch auf Stille um, sobald das Stück anfing. Licht strömte herein.

Ich kann nicht versprechen, wie du dich fühlen wirst, wenn du damit anfängst. Aber ich kann versprechen, wenn du diese Übung machst und dich auf das Licht konzentrierst, das von oben kommt, es einlässt, wirst du in deinem Inneren schon bald Veränderungen feststellen. Und – das verspreche ich dir auch – in deinem Leben.

VERSUCH DAS MAL: MEDITIEREN

Die Meditation ist einfach. Wähle ein Musikstück aus, das dir ein gutes Gefühl gibt, spiel es ab, schließ die Augen und spüre, wie das Licht bei jedem Einatmen von oben in dich hineinfließt, und sag dir: *Ich liebe mich selbst.*

Mit der Ausatmung lässt du alles hinaus, was hochkommt. Wenn deine Gedanken abschweifen, richte sie sanft wieder zurück auf deine Atmung. Mach das, bis die Musik endet. Bei mir dauert das etwas über sieben Minuten.

Vielleicht rebelliert dein Verstand dagegen, aber lass dich davon nicht abhalten. Denke daran: Am Weg zur Liebe lauern halluzinierte Schlangen. Sobald du sie als die Trugbilder erkennst, die sie sind, verringert sich ihre Macht auf ganz natürliche Weise. Dafür allein lohnt es sich.

Wiederhole die Meditation täglich zur selben Musik. Wenn du kannst, jeden Tag zur selben Zeit. Mach sie zu einem Anker, um den sich dein Leben dreht. Nach den ersten paar Durchgängen lässt du wie bei der Gedankenschleife zu, dass Gefühle in dir aufkommen.

Ich empfehle dir, diese Musik ausschließlich zu Meditationszwecken zu hören, damit dein Hirn sie nicht unbewusst mit deiner Alltagswelt verbindet. Dies ist eine konzentrierte und wunderschöne Zeit, in der du ein Tuch hervorholst, das Fenster putzt und Licht hereinlässt. Bewahre sie dir als etwas Besonderes.

DIE ÜBUNG:
3. SPIEGEL

Das ist die Übung, die viele meiden. Hier ist mein Vorschlag: Überwinde dich, wenn du Widerstand in dir verspürst. Der Widerstand kommt von alten Schleifen und Mustern, die um ihr Überleben kämpfen. Von denselben, die dich niedergehalten haben. Jetzt ist die Zeit, sie loszulassen.

Hierüber bin ich zufällig gestolpert. Eines Abends, als ich mir die Gedankenschleife laut vorsprach, sah ich mich im Spiegel an. Und ich fuhr fort … »Ich liebe mich selbst. Ich liebe mich selbst. Ich liebe mich selbst …«

Wow. Etwas Gewaltiges geschah.

Ich verband mich tiefer mit mir selbst. Nach nur fünf Minuten spürte ich ein Vibrieren. Und gleichzeitig fühlte es sich an, als hätte sich etwas in mir beruhigt. Als wären die Gedanken in mir in Ordnung gebracht. Es war die absonderlichste Erfahrung.

Ich setzte die Übung täglich fort und probierte, sie zu variieren. Wie ich erkannte, bestand der Trick darin, mir in die Augen zu sehen. Nicht ins Gesicht. Nicht auf die Haare. Auch sonst nirgendwohin. Ich musste mich so dicht vor den Spiegel stellen, dass ich nur meine Augen sehen konnte, und mir dann sagen, dass ich mich liebte.

So verankern wir die Liebe zu uns selbst auch in unserem Körper. Weil wir uns nur auf die Augen konzentrieren, üben wir auch keine Kritik an unserem Gesicht oder unserer Figur. Je öfter wir uns selbst auf diese Art begegnen, umso seltener werden wir uns verurteilen.

Diese Übung ist etwas ganz Besonderes. Sie bringt dich dazu, dich in dich selbst zu verlieben.

VERSUCH DAS MAL: SPIEGEL

Schau dir im Spiegel fest in die Augen und führe fünf Minuten lang ohne Pause die Gedankenschleife durch. Wenn du kannst, halte zwischen den Atemzügen inne und verliere dich in deinen Augen. Je öfter du das tust, umso stärker wirst du deine eigene Schönheit wahrnehmen.

Dann, nach den ersten paar Durchgängen, öffne dich wie bei der Gedankenschleife und bei der Meditation für die Gefühle, die in dir aufsteigen.

Ich empfehle dir, währenddessen nichts anderes zu tun, dir zum Beispiel nicht die Zähne zu putzen. Der beste Zeitpunkt wäre gleich im Anschluss an die Meditation. Morgens aufeinanderfolgend ausgeführt, machen die Übungen dich fit für den Tag.

Ich habe festgestellt, dass es wirksamer ist, »Ich liebe mich selbst« laut auszusprechen. Wenn dir das zu viel ist, flüstere die Worte. Wenn du die Intonation deiner Stimme, in der du dir wiederholt deine Selbstliebe bekundest, mit dem Blick in deine eigenen Augen kombinierst, geschieht eine Veränderung in dir. Du lässt das Licht hinein.

Der Schlüssel ist die Konzentration. In diesen fünf Minuten setzt du alles daran, dich selbst zu lieben. Durchdringend und körperlich. Es ist dein Geschenk an dich.

DIE ÜBUNG:
4. FRAGE

Man kann sich leicht in seinen Gedanken verfangen und Gedankenschleifen automatisch abspielen. Das fühlt sich so normal an, dass wir nur selten innehalten, um es infrage zu stellen. Trotzdem sind uns die meisten dieser Schleifen nicht dienlich. Schlimmstenfalls zerstören sie unseren Selbstwert und trennen uns von der Liebe.

Deshalb ist es wichtig und wirksam, uns in diesen Momenten die richtige Frage zu stellen. Erstens verändert sie das Bewusstsein. Wir fliegen nicht länger auf Autopilot. Zweitens sind wir, um zu antworten, dazu gezwungen, eine bewusste Entscheidung zu treffen. Drittens führt diese Entscheidung dazu, aktiv zu werden, innerlich wie äußerlich.

Fragen zu stellen und zu beantworten bringt uns dazu, im Leben aktiv zu sein, statt nur zu reagieren. Das an sich führt schon zu Veränderungen. Hier kommen die Fragen, die ich mir stelle, um mich selbst zu lieben:

*Wenn ich mich zutiefst und aufrichtig liebe,
lasse ich dann zu, dass ich diese Erfahrung mache?*

Das *Wenn* entkräftet alle Einwände, die der Verstand erhebt. Selbst wenn ich mich im Hier und Jetzt furchtbar fühle und mich selbst nicht liebe, macht das *Wenn* die Antwort möglich und echt.

Diese Frage eignet sich perfekt für den Umgang mit anderen. Ganz gleich, wie die andere Person auch sein mag – wie ich mich fühle, ist meine Entscheidung. Immer. Deshalb stelle ich mir die Frage, um von reaktiven Gedanken wegzukommen.

Wenn ich mich zutiefst und aufrichtig lieben würde,
was würde ich tun?

Diese Frage eignet sich großartig für Lebensentscheidungen. Sie ist auf die Zukunft fokussiert statt auf den Rückspiegel meiner Gedanken. Ganz gleich, was passiert ist, ganz gleich, welche Fehler ich begangen habe, führt sie mich zu dem, was ich brauche. Genau genommen ist sie der Grund, warum du dieses Buch liest.

Nachdem ich die ursprüngliche Version fertig geschrieben und mich dazu verpflichtet hatte, sie zu veröffentlichen, zögerte ich immer noch. Ich hatte schreckliche Angst, meine Karriere im Silicon Valley zu zerstören. Doch dann stellte ich mir eines Abends die Frage.

Die Antwort war leicht: Ich würde meine Wahrheit an andere weitergeben. Sie war zu wichtig, um es nicht zu tun. Wenn ich verspottet würde, würde ich mich selbst lieben, bis es vorbei wäre. So oder so würde Magie daraus folgen – wie sie aussähe, wusste ich nicht. Aber ich hatte dank meiner Selbstliebe genug Magie erlebt, um zu *wissen*, dass sie echt war.

Diese Frage zu beantworten schaltete meine Gedanken erst von dem Modus der Angst zu Wahrheit um, bevor sie mich zum Handeln brachte. Ich schickte das Buch in die Welt hinaus, und in der Folge ist so viel Magie in mein Leben gekommen.

Wenn du dich hilflos oder verloren fühlst, dann stell dir diese Frage. Sie wird dich zu einer Entscheidung und dazu bringen, die Dinge anzugehen.

Bin ich im Licht oder in der Dunkelheit?

Wenn ich bemerke, dass ich mich in meinen Gedanken verfange, stelle ich mir diese Frage.

Wenn die Antwort »im Licht« lautet, großartig. Dann verstärke ich diese Gedanken und genieße sie. Übrigens wirst du dich, je mehr du dich liebst, umso öfter in diesem Zustand wiederfinden.

Wenn die Antwort von Angst bestimmt ist, von Wut, Selbstrechtfertigungen, Schmerz, herrscht totale Dunkelheit. Es gibt keine Möglichkeit, dagegen anzukämpfen oder sie wegzuschieben. Es würde sie nur verstärken, mich von der Gegenwart fortziehen.

Deshalb kehre ich zu dem zurück, das funktioniert. Ich hole mein Tuch hervor, putze mein Fenster – ich kehre zu den zehn Atemzügen der Selbstliebe zurück. Manchmal rückt mich das sogleich von der Dunkelheit fort. Manchmal sind viele weitere Atemzüge nötig, je nachdem, wie sehr ich mich in meinen Gedanken verheddert hatte. Aber es funktioniert.

VERSUCH DAS MAL:
FRAGE

Vielleicht bist du versucht, dir in einer Situation alle drei Fragen auf einmal zu stellen, aber ich rate dir davon ab. Wenn du dich noch nicht daran gewöhnt hast, dir in gegenwärtigen Momenten bestimmte Fragen zu stellen und zu beantworten, werden mehrere Optionen dich überfordern.

Jede Frage ist ein weiterer Lichtschalter. Du musst dir nur angewöhnen, ihn umzulegen. Sobald du den neuen Pfad deiner Gedanken geebnet hast und die Frage selbstverständlich wird, fügst du die anderen hinzu.

Damit kannst du beginnen: *Wenn ich mich zutiefst und aufrichtig lieben würde, was würde ich tun?*

Diese Frage ist leicht zu merken und ist auf so gut wie jeden Gedanken und jede Situation anwendbar. Allein das wird deine Lebensqualität verbessern.

Und so stärkst du deine Gedankenbahn:

Wähle eine Sache, die dir wichtig ist. Das könnte eine Beziehung sein, es könnte deine Gesundheit sein, ein privates oder ein berufliches Ziel. Dann stell dir die Frage jedes Mal, wenn du damit zu tun hast.

Wenn du dich zum Beispiel für deine Gesundheit entschieden hast, kannst du dir die Frage vor jeder Mahlzeit stellen: »Wenn ich mich zutiefst und aufrichtig lieben würde, was würde ich tun?«

Die Antwort wird dich von alten Mustern abbringen, hin zu einer Entscheidung und dann zu einer aktiven Veränderung führen. Sobald es sich selbstverständlich anfühlt, kannst du die Frage auch auf andere Lebensbereiche anwenden.

Ich selbst habe diese Frage beim Schreiben dieser Anleitung angewandt. Ich habe mich selbst dazu verpflichtet, alles zu geben. Deshalb frage ich mich immer, wenn ich verlockende Anfragen bekomme, die mich vom Schreiben abhalten würden: »Wenn ich mich selbst zutiefst und aufrichtig lieben würde, was würde ich tun?« Und dann lebe ich die Antwort.

Mehr als alles andere vermögen diese Fragen, dich von den Dingen fortzuziehen, die dir nicht guttun: sowohl geistig als auch in deinem Leben.

DIE NÄCHSTE EBENE

Zuerst haben wir den neuen Pfad unserer Gedanken geebnet, indem wir »Ich liebe mich selbst« mit dem Einatmen sagten und beim Ausatmen alles losließen, was in uns aufstieg. Dann festigten wir den Pfad, indem wir unsere Gefühle hineinlegten. Das führte uns weg von der Dunkelheit ins Licht.

Es gibt noch eine weitere Ebene. Ob du bereit dafür bist, merkst du daran, dass sich deine Ausatmung verändert. Sie wird sich reiner anfühlen, friedvoller. Dann ist es wieder Zeit, tiefer zu graben.

Beim Ausatmen sagst du »Danke«. Mit Gefühl.

Schließlich ist es ganz natürlich, Dankbarkeit zu zeigen, wenn man sich liebt und Magie erfährt. An wen oder was sich diese Dankbarkeit richtet, liegt an dir. Entscheidend ist das Gefühl der Dankbarkeit selbst.

Es ist ganz einfach. Beim Einatmen sagst du »Ich liebe mich selbst«, beim Ausatmen »Danke« – und bei beiden Aussagen spürst du das Gefühl. Das kannst du bei der Gedankenschleifenübung, bei der Meditationsübung und bei der Spiegelübung tun.

Wenn du Licht ein- und Dankbarkeit ausatmest, bleibt kein Raum mehr für Dunkelheit. Wenn du das nur oft genug wiederholst, wird diese Gedankenschleife irgendwann ganz von selbst ablaufen. Genau da willst du hin: Wo Liebe und

Dankbarkeit der natürliche Ausdruck eines jeden Atemzugs ist. Es ist eine wunderbare Erfahrung.

Vielleicht möchtest du gleich an dieser Stelle beginnen, und es steht dir frei. Es ist dein Leben; was daraus wird, gehört allein dir. Aber ich habe Folgendes gelernt: Wenn du mit zu viel Schwung hineinspringst, rebelliert dein Verstand umso heftiger. Die halluzinierten Schlangen kämpfen mit hinterhältigen Tricks. Aber wenn du es Schritt für Schritt angehst, erzeugt das weniger Widerstand. Der Vorgang ist gemächlicher und erfolgversprechender.

Ich habe es geschafft, indem ich einen kleinen Pfad gesetzt habe, beobachtete, welche Gefühle in mir aufstiegen, und diesen Weg dann auf jede mir natürlich erscheinende Art und Weise vertieft habe. Dafür war kein Plan nötig. Genau wie jeder andere Mensch war ich schon mit der Liebe verschaltet. Sobald ich das akzeptiert hatte, grub sich dieser Weg so gut wie von selbst.

RITUALE

In der Grundausbildung mussten wir, bevor wir die Baracke betraten, immer zwanzig Liegestütze machen. Ob wir erschöpft waren oder das Gebäude den ganzen Tag über immer wieder betreten mussten, spielte keine Rolle. Bevor wir hineingingen, machten wir unsere Liegestütze.

Wir hatten eine ganze Reihe dieser Vorschriften. Ob vor dem Schießstand oder vor der Kantine – ständig wurden wir zu Liegestützen und Klimmzügen verdonnert. Wahrscheinlich brachte das allein nicht wenige Rekruten in Topform. Noch Monate nach der Ausbildung musste ich das Bedürfnis unterdrücken, mich auf den Boden zu legen und zwanzig Liegestütze zu machen. Das Ritual war mir einprogrammiert worden.

Nun habe ich dieses Prinzip abgewandelt und auf meine Übungen übertragen. Auch hier weiß ich, was ich zu tun habe, und schalte auf Autopilot.

Zum Beispiel schließe ich immer, wenn ich mich zum Schreiben hinsetze, die Augen, atme tief durch und spüre die Liebe für mich selbst. Ich empfinde Dankbarkeit für die Worte, die da kommen sollen. Und da diese Gedankenschleife sich mit jedem Mal verstärkt, programmiert sie mich auf Selbstliebe um, und die Worte fließen nur so aus mir heraus.

Meditation am Morgen, zehn Atemzüge, bevor ich meine Wohnanlage betrete, zehn Atemzüge beim Aufwachen und vorm Einschlafen – alles Rituale, die ich für mich selbst geschaffen habe.

Man verschwendet nicht jeden Morgen Zeit damit, sich zu fragen, ob man sich die Zähne putzen sollte oder nicht. Man tut es einfach. Das ist die Macht von Ritualen. Sie schaffen die Gedankenbahnen, die wir Gewohnheiten nennen. Und diese Gewohnheiten, die guten wie die schlechten, bestimmen unser Leben.

Denk dir Selbstlieberituale für deinen Morgen, für deine Schlafenszeit und für all die Dinge aus, die du während des Tages regelmäßig tust. Für alles, vom Essen bis hin zu geschäftlichen Besprechungen. Je besser du die Übung in deinen natürlichen Rhythmus integrierst, umso mehr wird sie zu dir gehören.

Bitte verzichte nicht darauf. Rituale sind die praktische Anwendung deines Schwurs. Ohne sie wirst du dich wahrscheinlich dabei ertappen, deine Bedürfnisse aufzuschieben. Ohne Rituale riskieren wir, dass das, was an erster Stelle stehen sollte, ganz zuletzt kommt.

Deshalb solltest du, wenn du eine schwere Zeit durchmachst, die Anzahl der Rituale sogar steigern. Meditiere öfter als nur einmal am Tag. Widme dich der Spiegelübung zu jeder sich bietenden Gelegenheit. Verwandle dein Leben in eine fortwährende Übung der zehn Atemzüge. Das wird dir dabei helfen, aus der Krise herauszukommen.

SELBSTKONTROLLE

Ein Gegenstand bleibt in Ruhe, solange keine Kräfte auf ihn einwirken. Das ist das erste Newtonsche Gesetz, manchmal auch Trägheitsgesetz genannt. Eine Rakete auf einer Rampe wird für immer dortbleiben, wenn die Triebwerke nicht gezündet werden. Das Gleiche gilt für unsere Selbstliebe. Der Schwur ist die Energie, die zum Start benötigt wird.

Aber wie hält man die Rakete in Bewegung?

In unserem Fall: Wie schaffen wir es, uns weiter selbst zu lieben, wenn sich die anfängliche Begeisterung gelegt hat? Wie machen wir die Übungen, wenn unsere Pflichten uns in die Quere kommen oder wir einfach keine Lust haben? Ganz einfach. Wir kontrollieren uns selbst.

Leg dir einen Kalender an und hake an jedem Abend die verschiedenen Teile der Übung ab, die du abgeschlossen hast. Wenn du dein Höchstziel erreicht hast, kannst du den Tag mit einem fetten Kreuz markieren. Eine lückenlose Reihe aus Kreuzen schenkt tiefe Befriedigung.

Unsere Gehirne sind Experten darin, ausgeklügelte Ausreden zu erfinden, warum wir die Übungen schleifen lassen können. Es sind die alten Gedankenbahnen, die ums Überleben kämpfen. Deshalb ist es gut, sich einer äußeren Instanz gegenüber verantworten zu müssen. Welche Ausrede wir auch haben, fehlende Kreuze in einem Kalender lügen nicht. Sie bringen uns dazu, der Wahrheit ins Gesicht zu sehen und zu erkennen, an welcher Stelle wir es fehlen lassen haben.

Ganz am Anfang habe ich das nicht gemacht. Aber später, als es in meinem Leben wieder gut lief und ich träge wurde und es schleifen ließ, hat mich diese Methode der Selbstkontrolle zum Weitermachen motiviert. So einfach war das.

Außerdem ist es besser, sich selbst zur Ordnung zu rufen, bevor es das Leben tut. Wenn das Leben dazwischenfunkt, um deine Aufmerksamkeit zu gewinnen, ist der Weckruf meist schmerzhaft.

LINIEN IM SAND

Ganz egal, wie intensiv wir unseren Schwur gefühlt haben, ganz gleich, wie gut wir uns kontrollieren können, wir werden mit der Zeit vom Weg abkommen. Wir werden Teile der Übung einfach auslassen. Wir werden schwerfällig. Wir lassen uns hängen. Es ist ganz wichtig, in dieser Beziehung ehrlich zu sich zu sein. Und einen Plan zu haben, wie es weitergehen kann.

Erstens: Mach dich nicht fertig. Mir ist noch kein Mensch untergekommen, auf den das Wort *perfekt* zutreffen würde. Hinfallen und Aufstehen gehören einfach zum Leben dazu.

Zweitens: Pick dir eine Sache aus der Übung heraus, die du auf keinen Fall auslassen willst. Diese Sache ist wie eine Linie, die du in den Sand zeichnest. Es ist das absolute Minimum, das du zu tun bereit bist, um deinen Schwur einzuhalten.

Meine Linie im Sand ist die Meditation. Ganz gleich, wie sich der Tag entwickelt, ich gehe nicht schlafen, ohne sie zu machen. Selbst wenn ich es nicht schaffe, meine volle Verpflichtung mir selbst gegenüber zu erfüllen, halte ich wenigstens diesen Teil ein. Und das gibt mir den Schwung, weiterzumachen. Und am nächsten Tag kehre ich zur vollständigen Übung zurück.

Diese Linien im Sand erhalten den Schwung:

- Meditation einmal am Tag
- Spiegel einmal am Tag
- zehn Atemzüge zehnmal am Tag

Such dir die Übung mit der stärksten Wirkung für dich aus und setze sie fort. Aber vergiss nicht, so bald wie möglich zur vollständigen Übung zurückzukehren. Denn so begegnet dir die Magie am schnellsten.

KURZ ZUSAMMENGEFASST

So sieht es aus: Vergib dir selbst, leg deinen Schwur ab und mach die Übung. Alles mit innerer Überzeugung.

Dabei geht es nicht um Perfektion oder darum, etwas zu forcieren oder zu erzwingen. Du musst dich der Sache nur öffnen, dich ihr widmen. Das Licht hereinlassen, es seine Wirkung tun lassen. Dazu sind wir alle in der Lage. Was auch immer wir in unserem Leben durchgemacht haben, wir sind fest auf Liebe programmiert.

Ich bin überzeugt, dass wir durch diese Lebensweise den Fluss des Lebens anzapfen. Statt uns zu wehren oder uns abzumühen, gehen wir mit der natürlichen Entwicklung der Dinge. Vielleicht ist das der Grund, warum sich nicht nur unser Inneres verändert, sondern auch unsere äußeren Umstände.

Wenn ihr euch vergeben und euren Schwur abgelegt habt, macht die Übung einen Monat lang am Stück. So lange hat es anfangs bei mir gedauert, bis sich mein Leben von Grund auf veränderte. Das war auch bei den Leserinnen und Lesern so, mit denen ich gesprochen habe.

Wenn wir uns für eine bestimmte Zeit verpflichten, wird die Sache plötzlich konkret und die Übungen werden daher auch eher umgesetzt. Deshalb zieh dich ruhig einen Monat lang zur Rechenschaft, wenn es um deinen Schwur geht. Mach dir Notizen zur Selbstkontrolle, wähle deine eigene Linie im Sand aus und schaffe dir deine persönlichen Rituale.

Setze alles daran. Es dauert nur einen Monat, um dich selbst zutiefst und aufrichtig zu lieben und dein Leben in neue Bahnen zu lenken.

Im Rest dieser Anleitung erfährst du, wie ich die Praxis meiner Selbstliebe mit der Zeit erweitert habe. Verwende, was sich für dich richtig anfühlt, ohne die Übung als Basis zu verlieren.

KINDHEITSMOTIVE

Trennungen waren schon immer schlimm für mich. Als würde ich am Ende jeder Beziehung meinen eigenen Wert vergessen und mich zurückentwickeln. Es ist wie ein oft beschrittener Weg, der sich tief in die Erde gegraben hat. Deshalb muss ich nun einen neuen Trampelpfad finden. Anderenfalls kehrt das Gehirn geradewegs zu dem Leid zurück, das es kennt.

Beim Meditieren wurde mir klar, warum ich diesen ursprünglichen Weg geebnet hatte. Mein Vater hat meine Mutter geschlagen. Einmal war es besonders schlimm. Sie ging zum Einkaufen und kam nicht mehr zurück. Wir beide, sie und ich, hatten es so geplant. Als mein Vater einschlief, schlich ich mich mit meinem kleinen Bruder nach draußen, um sie gleich an der nächsten Straßenecke zu treffen.

Mein Vater erwischte mich. Ich erinnere mich immer noch an diesen Moment. Wie ich die Treppe hinabsah, die verschlossene Tür so weit von mir entfernt. Ich versuchte noch viele Male, zu entkommen, hatte aber kein Glück.

Dann nahm uns mein Vater eines Tages zu einem Treffen mit ihr im Park mit. Wir saßen auf einer Bank, während er sie überredete, zurückzukommen. Aber er erlaubte mir nicht, sie zu berühren. Das Gefühl werde ich nie vergessen, diese Sehnsucht, die Hand nach ihr auszustrecken und von ihr in den Arm genommen zu werden.

Kein Wunder, dass ich nach dem Ende einer Beziehung jedes Mal durchdrehe, oder? In diesen Momenten hat nicht der erwachsene Mann das Sagen, der alles unter Kontrolle hat und weiß, wie es im Leben läuft, sondern der kleine Junge, der dringend Liebe braucht.

Aber die kann ihm niemand sonst geben. Keine Beziehung, kein Gegenstand, keine Droge und keine Flucht. Das kann nur ich. Deshalb habe ich mich beim letzten Mal, als das passierte, nach innen gewandt, die Augen geschlossen und mir den kleinen Jungen vorgestellt. Dann habe ich ihn in den Arm genommen und ihm Liebe gegeben. Ihm einfach Liebe gegeben.

Und wisst ihr was? Mehr brauchte er nicht. Er beruhigte sich. Immer, wenn er mich erneut am Ärmel zupft, tue ich es wieder. Es ist eine weitere Chance, einen Teil von mir zu lieben.

Wir alle haben unsere Schwächen. Das ist zufällig meine. Deine sieht vielleicht anders aus, aber die Themen ähneln sich. Wir sind Menschen. Liebe und Angst sind Grundgefühle, die uns alle verbinden.

Welche Kindheitsmotive du auch immer in dir entdeckst, nimm sie an. Sie gehören zu deiner Lebensgeschichte. Sie haben dich zu dem fantastischen, wunderschönen Menschen gemacht, der du bist.

Zweitens, liebe diesen Teil deiner selbst. Schenk dir jetzt und hier, was du in der Vergangenheit vermisst hast, und dir wird die Wahrheit bewusst werden: Du selbst bist das, was du die ganze Zeit vermisst hast.

VERSUCH DAS MAL: KINDHEITSMOTIVE

Schritt 1: Such dir einen Platz, wo es ruhig ist. Wenn es geht, entscheide dich für einen Ort, an dem du dich wohlfühlst.

Schritt 2: Schließe die Augen und geh in deine Gedankenschleife. Atme Liebe ein, atme alles aus, was da kommen mag. Lass von oben Licht in dich fließen. Halte so lange durch, bis du einen natürlichen Rhythmus findest.

Schritt 3: Lege eine Hand auf dein Herz. Genau dieses Herz hat einst für dein jüngeres Ich geschlagen.

Schritt 4: Wenn du bereit bist, stelle dir das Kind vor, das vor dir steht. Falls Gefühle aufsteigen, sei geduldig und lass sie fließen.

Schritt 5: Achte für kurze Zeit bewusst auf deinen Herzschlag. Er gehört zu euch beiden. Eure Herzen schlagen synchron.

Schritt 6: Schenk dem Kind deine Liebe. Du kannst es im Arm halten und sagen: »Ich liebe dich, ich liebe dich, ich liebe dich …« Ihr könnt auch etwas entfernt voneinander stehen. Spüre, wie das Licht durch dich hindurch in das Kind strömt und alles auflöst, was fortmuss. Du kannst dabei schweigen oder deine Liebe laut aussprechen. Die Details spielen keine Rolle. Das Einzige, was wichtig ist, ist deine Absicht: diesem Kind Liebe zu geben. Ihm alle Liebe zu geben, die du hast.

Schritt 7: Wundere dich nicht, wenn lange verdrängte Gefühle hochkommen. Lass sie los und befreie dich.

Schritt 8: Es gibt nichts zu klären, nichts in Ordnung zu bringen, nichts anderes zu tun. Wenn du dem Kind deine Liebe gegeben hast und innerlich ruhig bist, öffne die Augen.

Schritt 9: Spüre für kurze Zeit deinen Herzschlag. Dann bist du fertig.

Ein Vorschlag: Wir müssen diese Übung nicht auf unser inneres Kind beschränken. Nichts hält uns davon ab, dem Menschen Liebe zu geben, der wir im letzten Jahr oder sogar gestern waren. Das ist besonders hilfreich, wenn du vor Kurzem eine schwere Zeit hattest.

Gib deinem vergangenen Ich die Liebe, die es gebraucht hätte. Das ist eine der wirksamsten Gesten, die du heute ausführen kannst.

DEIN ZUKÜNFTIGES ICH

Eines Tages, nachdem ich meinem jüngeren Ich Liebe geschenkt hatte, fragte ich mich: *Irgendwann werde ich älter und klüger sein. Was würde dieser Mann mir heute sagen?*

Ich setzte mich aufgeregt auf. Mein zukünftiges Ich, das all das durchgemacht hat, was ich durchgemacht habe, und noch mehr. Das mir um Längen voraus ist, allein weil es zurückblicken kann. Das Liebe und Mitgefühl für mich empfindet, wie es nur jemand kann, der erlebt hat, was ich erlebt habe. Der mich besser versteht, als jeder andere es könnte.

Die Antwort lag auf der Hand. Er würde genau das tun, was ich gerade für mein jüngeres Ich getan hatte.

Also schloss ich die Augen, führte die Gedankenschleife durch und stellte mir vor, dass er vor mir stünde. Er lächelte mich liebevoll und verständnisvoll an. Und dann umarmte er mich, küsste mich auf den Scheitel und schenkte mir Liebe.

Ich brauchte nichts zu tun.

Nur Liebe zu empfangen. Meine Liebe.

Versuch es mal.

LIEBE GEBEN

Wenn ich Probleme mit jemandem habe, den ich sehr mag, gehe ich in die Gedankenschleife, stelle mir vor, dass ich diese Person an mich drücke, sie auf den Scheitel küsse und ihr Liebe gebe. Das ist alles.

Das führt mich weg von meinem Zorn, Schmerz oder Groll. Von der Dunkelheit, von allem. Licht durchfließt mich und heilt alles, was zwischen uns steht. Es erinnert mich daran, was wirklich wichtig ist.

Wenn du es tust, vergiss nicht: Es kommt darauf an, sich selbst zu ändern, nicht den anderen. Wenn du Liebe schenkst, brauchst du nicht zu befürchten, weniger für dich selbst übrig zu haben.

Liebe ist keine Bettlerschale. Liebe ist ein tiefer Brunnen, der mit dem Leben selbst verbunden ist. Je mehr Liebe durch dich hindurchfließt, umso mehr verändert sie dich und umso mehr erhältst du zurück.

FALLSCHIRM

Sich selbst zu lieben kann manchmal die schwerste Aufgabe überhaupt sein. Vor allem, wenn wir in unserem Leid gefangen sind. Hast du diesen Punkt erreicht, sag dir Folgendes: *Das Leben liebt mich.*

Wenn du an Gott glaubst, ersetze »das Leben« durch »Gott«. Oder betrachte das Leben einfach als den Funken, der Milliarden von Galaxien und letztlich auch dich erschaffen hat. Das verbindet dich mit etwas, das größer ist als du.

Sag dir das immer und immer wieder. Stell alles andere hinten an, meditiere und nutze das als deine Gedankenschleife. Nimm beim Einatmen das Licht in Empfang. Stell dir vor, dass alles wahr ist, was du sagst, und spür dem Gefühl nach. Das ist wichtig. Sag es dir nicht nur mit dem Verstand – fühle es.

Lass alles los, was mit dem Ausatmen kommt. Wiederhole das, bis das Einzige, was beim Ausatmen in dir aufsteigt, ein schlichtes »Danke« ist.

Wenn du mit der Meditation fertig bist, kehre zu jeder sich bietenden Gelegenheit an diesen Ort in deinem Kopf zurück. Selbst wenn es nur für zehn Atemzüge ist. Geh diesen Weg, bis es dein vorherrschender Gedanke ist.

Das ist ein Fallschirm. Er wird dir helfen. Selbst wenn du es dir keine Sekunde lang abkaufst, wird er das. Fallschirme funktionieren, ob du nun an Schwerkraft und Luftwiderstand glaubst oder nicht.

Erstens wird es dich von den kräftezehrenden Ausreden deines Verstandes abbringen. Zweitens wird es deine Aufmerksamkeit auf das statistisch gesehen doch ziemlich außergewöhnliche Geschenk lenken, einfach nur am Leben zu sein. Drittens wird es dich daran erinnern, dass du es wert bist, geliebt zu werden.

Wenn du umgeschaltet hast, fahre mit der Übung der Selbstliebe fort. Aber verwende den Fallschirm immer dann, wenn du ihn brauchst.

HÖHER

Ich glaube, dass wir ein Teil von etwas Größerem als wir selbst sind. Wie Funken eines größeren Feuers. Meine Selbstliebe hat mir das gezeigt. In meinem Leben hat sich ohne mein Zutun zu viel verändert, um es mit dem Verstand erklären zu können.

Du brauchst meinen Glauben nicht zu teilen. Das Leben macht sowieso, was es will. Aber ich will dich daran teilhaben lassen, wie ich diesen Umstand genutzt habe, um die Praxis der Selbstliebe auf eine höhere Stufe zu heben.

Im letzten Kapitel habe ich dir einen Fallschirm an die Hand gegeben. Das gleiche Prinzip wende ich hier an. Doch statt zu warten, bis ich es brauche, verbinde ich es mit der Selbstliebe-Übung. Und so geht es:

Ich schließe die Augen, spüre, wie mich das Licht von oben umfängt, und sage mit jedem Einatmen ein paarmal: »Ich liebe mich selbst.« Dann wechsele ich zu »Etwas Größeres als ich liebt mich«. Du kannst es Leben nennen, Gott oder das Universum oder was auch immer dir gefällt.

Ich tausche die Sätze je nach Laune aus. Hauptsache, ich lasse mich spüren, wie es wäre, mich selbst zu lieben und zusätzlich von allem geliebt zu werden, das existiert. Das ist eine absolut wunderbare Erfahrung.

Mit der Ausatmung lasse ich alles los, was kommt. Aber ich achte darauf, dass die Ausatmung mir, kurz bevor ich fertig bin, ganz von selbst »Danke« sagt. Mehr nicht.

Du kannst das mit der Gedankenschleife, mit der Meditation und mit der Spiegelübung kombinieren. Dein innerer Pfad wird sich ebnen.

WIEDERHOLUNG

Stellen wir uns vor, du hast dir vergeben. Du hast den Schwur abgelegt. Du kniest dich voll rein. Du lebst nur noch für die Übung. Dir ist klar, dass du das nicht jeden Tag perfekt machen kannst. Entscheidend sind dein Ziel und dass du über die Zeit dranbleibst.

Vielleicht machst du dich fertig, wenn du mal aus der Bahn geworfen wurdest. Aber auch das hast du losgelassen. Schließlich ist es nicht gerade liebevoll, sich selbst zu geißeln.

Du hast dich innerlich verändert. Dein Leben hat sich verändert. Du bist inspiriert. Der Monat ist um. Ich habe eine Frage an dich:

Wenn du dich zutiefst und aufrichtig lieben würdest, was würdest du tun?

Mein Vorschlag: Hör nicht auf. Bitte.

Die Gedankenbahnen der Vergangenheit sind stark. Lass nicht zu, dass sie sich wieder in dir verankern. Verpflichte dich neu. Vertiefe den Pfad der Selbstliebe. Je öfter du ihn gehst, umso eher wird es ein Teil deines Wesens werden. Ein Teil von dir.

Führe den ganzen Vorgang von vorne durch – vergib dir selbst, leg den Schwur ab und übe die Selbstliebe.

Es klingt vielleicht nach Arbeit, es ist aber keine. In dem einen Monat wird dir Magie zuteilgeworden sein. Für dich ist das ab sofort normal, und du baust darauf auf. Nach einem weiteren Monat der Selbstliebe wirst du neu definieren müssen, was normal ist. Und nach dem nächsten Monat wieder.

Stell dir ein ganzes Jahr damit vor. Du wirst dein Leben nicht wiedererkennen. Versprochen.

WENN ES DIR ANGST MACHT

Eine der Lektionen der Selbstliebe, die mich am meisten verändert hat, war diese:

Wenn es mir Angst macht,
wartet am Ende des Weges Magie.

Ich kann das nicht stark genug betonen. Wenn es eine Lebensregel gibt, dann ist es diese.

Wir alle könnten einen ganzen Wälzer mit unseren Ängsten und all den vollkommen legitimen und ausgeklügelten Gründen dafür füllen. Aber sie bringen uns nicht weiter. Nur durch die Angst hindurchzugehen tut das.

Folgendes hat die Selbstliebe mir geschenkt: Ich habe die Angst als das erkannt, was sie ist: eine halluzinierte Schlange, nicht nützlich, nicht echt. Dann habe ich mich selbst geliebt und bin durch sie hindurchgegangen. Und jedes Mal Magie.

Selbst wenn das Leben mir nicht genau die Resultate gebracht hat, die ich mir erhofft hatte, führte mich der Gang durch die Angst auf Wege, die ebenso lohnend waren, wenn nicht sogar besser. Meistens sogar.

Diese Übung, der Schritt durch die Angst, hat mich gelehrt, dass dieses Gefühl nichts ist, was man immer vermeiden sollte. Sie ist ein Signal wie jedes andere. Perfekt, um flammende Infernos oder dreihundert Meter tiefe Schluchten zu meiden. Doch abgesehen davon ist sie ein Schild, das uns den Weg zur Magie weist.

Und das Leben will, dass ich sie durchschreite. Keine Ahnung, warum, aber so ist es nun mal.

Versuch es selbst. Geh durch deine halluzinierten Schlangen. Es ist eine praktische Anwendung deiner Selbstliebe. Pick dir jeden Tag eine Angst heraus und durchschreite sie. Kann sein, dass du Abertausende Male durch die gleiche Angst gehen musst. Egal. Du vertiefst damit den Pfad. Du wirst zu einem Menschen, der sich Ängsten stellt.

Geh durch sie hindurch, bis es ein Teil von dir wird. Bis es eine selbstverständliche Gewohnheit ist. Und vergiss nicht, die Magie zu genießen, die danach kommt. Du hast es dir verdient.

MAGIE ERWARTEN

Als ich mit der Übung anfing, ging es mir innerlich immer besser. Dann wurde mein Leben besser. Ich fing an, Synchronitäten zu erleben, die ich mir nicht erklären konnte. Die ehrlichste Art und Weise, es zu erklären, ist diese: Das Leben fing einfach an zu funktionieren.

Je mehr ich mich selbst liebte, umso besser funktionierte mein Leben auf eine Art und Weise, die ich so nicht hätte planen können. Ich musste das Wort *Magie* benutzen, um es zu beschreiben. Es gab kein besseres Wort dafür.

Je öfter es passierte, umso mehr erwartete ich Magie. Es war nichts anderes, als zu erwarten, dass morgens die Sonne aufgeht. Es wurde zu meiner neuen Normalität.

Aber jetzt kommt's …

Ihr müsst nicht darauf warten, bis das Leben seinen Zauber entfaltet. Vielmehr setzt ihr alles auf Selbstliebe und stellt euch auf diese Magie ein. Wenn ihr nach ihr sucht, werdet ihr sie finden. Aber es hilft, sie zur Kenntnis zu nehmen, wenn sie sich einstellt, statt es als Zufall abzutun oder, noch schlimmer, nicht darauf zu achten.

Das Leben belohnt euch eher, wenn ihr auf seine Geschenke achtet. So klischeehaft es auch klingt, ich habe festgestellt, dass es stimmt. Unsere Aufmerksamkeit ist wie ein Scheinwerfer in der Dunkelheit. Worauf wir uns fokussieren, wird zu unserem Erleben der Realität. Einfach ausgedrückt: Was man erwartet, bekommt man auch.

Du willst deine Selbstliebe auf die nächste Ebene heben? Dann sei dankbar, wenn du Magie erlebst. Du willst sie noch höher heben? Sei dankbar, *bevor* du Magie erfährst, erwarte sie einfach. Dann schau zu, wie das Leben dich damit überschüttet. Ich sage das nicht, weil es gut klingt. Es funktioniert wirklich. Versuch es einfach.

Nichts davon ist Hexerei. Wenn du dein Leben gelebt hast, wette ich darauf, dass du das Gleiche erfahren hast. Also, wenn du dich selbst zutiefst und aufrichtig lieben würdest, was würdest du tun?

Was mich betrifft: Ich würde mit Magie rechnen und dankbar dafür sein. Ich hoffe, dir geht es auch so.

EIN LETZTES NOCH …

Als ich mir die Praxis der Selbstliebe ausdachte, war das ein Versuch, mich selbst zu retten. Ich hatte großes Glück, dass es funktioniert hat. Aber womit ich nicht gerechnet hatte, war die Wiedergeburt, die diese Übung mir schenkte. Dass sie mein Leben von Grund auf verändern würde.

Weißt du, das Leben ist kurz genug. Wir sind nur ein kurzer Lichtblitz, und dann sind wir fort. Während unserer Zeit hier haben wir nur eine Aufgabe: hell zu leuchten. Ich meine, gerade *weil* du existierst, *solltest* du auch leuchten.

Tu es für dich. Tu es allein für die Erfahrung. Tu es für die Menschen, die du liebst. Tu es für das, woran du glaubst, aber tu es einfach. Und wenn du dich selbst liebst, leuchtest du von ganz allein.

Verwende also dieses Buch, um dich selbst zutiefst und aufrichtig zu lieben. Wenn du nicht dranbleibst, na und? Du bist ein Mensch. Rappel dich hoch, klopf dir den Staub ab und liebe dich sogar noch mehr. Im Gegenzug wird es das Leben auch tun.

TEIL III

DIE LEKTION

EINLEITUNG

Sechs Jahre nachdem ich gelernt hatte, mich zu lieben, stürzte ich ab. Das war allein meine Schuld.

In den Jahren davor hatte ich es schleifen lassen, mich auf Probleme fokussiert, auf das Leben nur noch reagiert, anstatt die Dinge anzugehen. Irgendwann geriet Selbstliebe in Vergessenheit. Ich konnte mich nicht an das letzte Mal erinnern, dass ich den Schwur abgelegt, geschweige denn mich richtig reingehängt hätte.

Die Pfade der Selbstliebe, die ich geebnet hatte, waren stark genug, um den Laden eine Weile lang am Laufen zu halten. Aber die Rinnen der Vergangenheit sind tief. Wenn man lange genug schludert, fließt wieder Wasser durch diese Kanäle.

Das wirkte sich auf meinen Geist aus. Dann auf mein Leben. Und trotzdem ließ ich es schleifen. Trägheit hat ihre eigene Dynamik. Und je länger ich es schleifen ließ, umso mehr mied ich das, was ich am nötigsten brauchte. In dieser Beziehung ist das Ego ziemlich clever.

Und dann die unerwartete Trennung von einer Frau, die ich innig liebte. Ich stürzte richtig ab.

Das Gute am Abstürzen ist, dass dein Ego schneller abstürzt als du. Deshalb fällt es leichter, loszulassen. Und das habe ich getan. Die Scham darüber, es zugelassen zu haben, derjenige gewesen zu sein, der es hätte besser wissen müssen, der nicht nach den Prinzipien gelebt hatte, die ich sogar in einem Buch beschrieben hatte. Ich musste mich retten, also gab ich alles auf.

Ich kehrte zur Übung zurück. Schicht um Schicht, Synapsenpfad um Synapsenpfad, Rinne um Rinne. Um mich von Neuem zu lieben. Doch obwohl ich den nächsten Schritt kannte, kämpfte ich dagegen an. Ehrlich gesagt bestrafte ich mich selbst dafür, so schlimm gescheitert zu sein.

Doch trotz meines Widerstands, obwohl ich es mir schwerer machte, als es hätte sein müssen, obwohl ich mir selbst im Weg stand, funktionierte die Übung. In weniger als einem Monat war ich von Grund auf verwandelt. Sich selbst zu lieben funktioniert, Punkt.

Dieser Teil des Buches, »Die Lektion«, ist eine zutiefst persönliche Geschichte. Wie im Rest des Buches ist jedes Wort wahr. Meine größte Schwäche ist zugleich eine, die mir auch viele Leser anvertraut haben. Sie besteht darin, dass ich, sobald es gut läuft, die Dinge schleifen lasse. Ich gebe diese Erfahrung an euch weiter, damit euch das nicht auch passiert.

Ihr werdet mir dabei zusehen, wie ich abstürze, mich wieder nach oben kämpfe und dann durch Umsetzung der gleichen Prinzipien, die mir einst das Leben gerettet haben, wieder aufstehe. Dadurch werdet ihr auch die Feinheiten der Reise verstehen. Ich glaube, es kann euch helfen.

Manchmal lernen wir aus den Fehlern anderer mehr als aus ihren Erfolgen. Seid also nicht überrascht, wenn ihr diesen Abschnitt plötzlich für den nützlichsten Teil des Buches haltet.

I

Ich komme mit dem späten Nachtflug nach Hause. Ich hätte einen bequemeren Flug nehmen können, aber ich wollte zurück zu ihr. Ich war anderthalb Wochen weg. Auf der Fahrt in die Innenstadt sehe ich die gläsernen Gebäude des Bankenviertels in der Morgensonne leuchten. Ich lächele.

Als ich die Tür öffne, kommt sie und umarmt mich. Aber nicht so wie sonst, wenn sie mir entgegeneilt und mich fest in den Arm nimmt. Sie lehnt sich nur an mich und drückt mich halbherzig.

»Was ist los?«, frage ich.

Sie war die ganze Nacht wach und hat geweint. Sie verlässt mich. Sie braucht Zeit für sich und Freiraum. Ist nicht bereit für eine feste Bindung. Begehrt mich nicht. Empfindet nicht das Gleiche für mich wie ich für sie. »Es liegt nicht an dir«, sagt sie, »sondern an mir«.

Die Welt um mich herum dreht sich. Als wäre ich auf einen Teppich getreten und sie hätte sich gebückt und ihn mir unter den Füßen weggerissen. Und ich falle nach hinten, in Zeitlupe, die Füße in der Luft. Ohne jede Kontrolle. Und ich spüre, wie der Boden immer näher kommt, und weiß, wenn ich aufschlage, werde ich zerbrechen.

Wenige Tage später lieben wir uns. Es ist der unbehaglichste Tanz, wenn man weiß, dass die Musik verstummt ist. Als ich kurz davor bin, bittet sie mich, nicht in ihr zu kommen. Das ist das erste Mal, dass sie das tut.

In jener Nacht liege ich wach, meine Gedanken ein einziger Brei, und denke bei mir: Wenn alles wichtig ist, dann ist auch das wichtig. Sie und ich sind wichtig. Wir zusammen sind wichtig. Aber wenn nichts wichtig ist, dann ist es auch das nicht.

Vielleicht liegt Weisheit darin. Wenn in diesem Drama, das wir Leben nennen, nichts wichtig ist, ist es am besten, nach links von der Bühne abzugehen.

II

In der nächsten Nacht fantasiere ich herum, wie ich in die Wohnung eines Freundes einbreche, während er verreist ist, mir seine Waffe aus der Vitrine schnappe und sie zusammensetze. Den Ladestreifen einführe, die Schusswaffe entsichere. Mir den Lauf unters Kinn halte und den Abzug drücke. Fertig.

Würde ich in dem Moment die Augen schließen oder sie offen halten? Das ist die Frage, die mich wach hält. Das ist der Gedanke, mit dem ich schließlich einschlafe. Am Morgen wache ich auf und denke daran, wie ich früher einmal war. An die Magie. Etwas in mir sagt: *Kehr zu dem zurück, was funktioniert*.

Ich schiebe es beiseite.

III

Es ist Abend. Ich habe eine Verabredung zum Essen mit Freunden, die ich fast absage, weil ich nicht reden will, aber schließlich gehe ich doch. Ich habe sie eine Ewigkeit nicht gesehen, und sie sind mir wichtig. Ich fahre mit der U-Bahn-Linie 6 nach Norden und schaue mir wahllos irgendwelche Motivationsvideos an. Es ist das Beste, meine Fantasien mit einem Gegenprogramm zu ersticken.

In einem Video sagt der Sprecher: »Es gibt nur eine Wahl: Sie müssen die großartigste Version Ihrer selbst sein.« Er hat den näselnden Südstaaten-Tonfall eines Predigers. »Schreiben Sie das auf und erklären Sie es mehrmals am Tag zu einem Gebot.«

Ein Gebot. Wahnsinnig altmodisch. Hört, hört … Hiermit erlasse ich das Gebot, die großartigste Version meiner selbst zu sein.

Allein der Gedanke lässt mich aufrechter stehen.

IV

»Hier ist die gute Nachricht«, sage ich drei Tage nach dem Teppichsalto zu ihr. »Ich werde sterben. Du wirst sterben. Die Sonne wird irgendwann verglühen, der Mond wird zu leuchten aufhören, und die Erde wird nur noch ein öder, lebloser Gesteinsbrocken sein.«

Kunstpause.

»Die gute Nachricht daran ist … nichts von alldem wird von Bedeutung sein.«

Später wird mir klar, was passiert, wenn einem alles egal ist. Man wird irgendwie furchtlos. Das ist nicht so schlecht. Doch dann blitzt die Waffe meines Freundes vor mir auf, und ich denke, dass diese Version der Furchtlosigkeit wohl nicht gerade die beste ist.

Der Haken an seelischem Schmerz ist – er ist echt. Man verliert sich darin. Vielleicht bindest du dir gerade die Schnürsenkel zu, und bevor du dich versiehst, schießen dir Erinnerungen, Bilder und wirre Gedanken durch den Kopf. Wie ein Zug, der vorbeirast, während man auf dem Gleis steht und den Windstoß spürt. Nur dass sich der Wind hier schneidend wie ein Säbelhieb anfühlt.

»Du musst dich auf die Gegenwart konzentrieren«, rieten meine Freunde mir beim Abendessen. »Schmerz entsteht, wenn du mit den Gedanken in der Zukunft bist.«

Ich hatte ihnen davon erzählt, was sie mir an jenem Tag gesagt hatte, über die Männer, mit denen sie nach mir ausgehen wollte. Dann hatte ich das Thema gewechselt und über meine Pläne gesprochen. Ich könnte nach Mexiko oder sonst wohin gehen, für eine Weile von der Bildfläche verschwinden. Meine Freunde, Cheryl und Michael, sind schon lange verheiratet. Sie lächelten.

»Nimm jeden Tag, wie er kommt«, sagte sie. Cheryl Richardson, eine der klügsten Frauen, die ich je getroffen habe. »Wenn deine Gedanken in die Zukunft schweifen, leg die Hand auf dein Herz und sag dir selbst: ›Ich komme dahin zurück. Ich komme dahin zurück.‹«

Ich habe es noch nicht probiert, aber ich weiß, dass ich es tun werde. Ich muss.

V

Ich versuche es. Der Teppichsalto ist eine Woche her. Ich lege die Hand auf mein Herz, spüre, wie es schlägt, und wiederhole: »Ich komme dahin zurück.« Innerhalb weniger Sekunden habe ich den Satz geändert und sage stattdessen: »Ich komme zu mir zurück. Ich komme zu mir zurück.«

Später, unter der Dusche, schließe ich die Augen, und der Zug zischt vorbei. Zorn steigt in mir auf. Mit der Hand auf dem pochenden Herzen sage ich zu mir: »Ich komme zu mir zurück, ich komme zu mir zurück.«

Und in diesem kurzen Moment verschwindet der Zug.

VI

Es ist Tag acht nach dem Teppichsalto. Sie ist noch nicht ausgezogen. In den Weihnachtsferien ist es schwierig, kurzfristig eine Wohnung zu finden.

Nachdem ich geduscht und mich angezogen habe, gehe ich mit meinem Haar-Mousse zu ihr und frage: »Könntest du vielleicht?« Das war ein Ritual zwischen uns. Sie hat mir den Schaum sanft in die Haare massiert und sie gestylt, während ich lächelnd die Augen schloss und mich wahnsinnig geliebt fühlte.

Sie nimmt die Dose und tut mir den Gefallen, während ich ihr fest in die Augen sehe. *Ich werde mich damit konfrontieren*, denke ich. *Ich werde nicht weglaufen*. Ich sehe sie an, und als sie fertig ist, küsst sie mich zart.

Morgen lasse ich mir die Haare schneiden, damit ich das nicht mehr brauche. Am Tag darauf fliege ich nach San Francisco, um meine Familie zu besuchen. Schlagartig wird mir klar, dass wir das heute vielleicht zum letzten Mal gemacht haben.

VII

Mein Freund James ruft an und sagt, dass er nachts sein Telefon anlässt.

»Ich mach das sonst nie«, sagt er, »aber du sollst wissen, dass es für dich ist.«

Seit ich ihn kenne, habe ich ihm dabei zugesehen, wie er einen Kummer nach dem anderen erlebt hat. Aber er hat einen Hang dazu, immer wieder auf die Füße zu fallen. Es ist beeindruckend. Nach jeder Trennung trainiert er sehr hart. Irgendwann ist sein Leben dann besser als je zuvor.

Sein tägliches Programm besteht aus einem körperlichen, einem mentalen, einem emotionalen und einem spirituellen Teil. Das werde ich auch machen. Ich habe gesehen, dass es bei ihm Wunder wirkt.

Als körperlichen Teil werde ich jeden zweiten Tag Sport treiben und mich gesund ernähren. Und keinen Alkohol trinken, da er mich noch niedergeschlagener macht.

Als mentalen Teil werde ich jeden Tag schreiben. Ich werde diesen Schmerz und diese Energie nehmen und etwas Neues daraus erschaffen. Außerdem werde ich im Büro jeden Tag genau die Aufgabe erledigen, die ich am längsten vor mir hergeschoben habe. Das wird mich voranbringen.

Als emotionalen Teil werde ich jeden Tag mit wenigstens einer Person etwas Schönes unternehmen. Das wird mich ablenken.

Als spirituellen Teil werde ich jedes Mal, wenn ich merke, dass sich meine Gedanken im Kreis drehen, die Hand auf mein Herz legen und zu mir selbst zurückkommen.

Abends, im Bett, sage ich zu ihr: »Du hast Glück.«

»Warum?«

Es ist armselig und weinerlich, und ich hasse mich dafür, sage es aber trotzdem: »Weil du nur noch diese eine Nacht hinter dich bringen musst.«

»Sag doch so was nicht«, entgegnet sie.

»Mach doch so was nicht«, antworte ich.

Sie verstummt. Ich liege in der Dunkelheit, mir schwirrt der Kopf, und ich lege die Hand auf mein Herz und sage leise zu mir selbst: »Ich komme zu mir zurück, ich komme zu mir zurück, ich komme zu mir zurück …«

VIII

Es ist der Tag vor meinem Flug. Sie hat eine Wohnung gefunden und wird ausziehen, während ich in San Francisco bin. Als ich aufwache, wünschte ich, dieser Tag würde nicht existieren und ich könnte ihn einfach fortwischen.

Sobald sie weg ist, rufe ich Cheryl an.

»Könntest du mich bitte von der Wahrheit überzeugen?«, sage ich.

Sie war ein Jahr lang mit Oprah auf Tour. Das Wort klug beschreibt sie nicht einmal annähernd. Sie hat eine einmalige Fähigkeit, zu erkennen, was echt ist, und das brauche ich jetzt dringend.

»Liebeskummer löst alte Gefühle der Verlassenheit aus«, sagt sie. »Es ist das kleine Kind, das es – wie wir alle – erlebt und schreckliche Angst hat. In dem Alter sind die Eltern alles für einen, und das Gefühl der Verlassenheit bedeutet Tod.«

Das lässt mich innehalten. Ich habe das Gefühl, selbst der Leidtragende zu sein und kein lang vergessenes Kind. Aber was sie sagt, klingt einleuchtend, selbst wenn es nur ein winziger Teil davon ist.

»Dein Kind muss wissen, dass es sich auf dich verlassen kann. Dass du für es da bist. Du musst Folgendes machen: Immer, wenn der Schmerz schlimm ist, immer, wenn du dir die Zukunft in den dunkelsten Farben ausmalst, besinne dich auf dein Herz. Leg deine Hand darauf und versichere dem Kind: ›Ich bin für dich da.‹ Das ist alles, was es braucht.«

Als ich aufgelegt habe, mache ich das. *Ich bin für dich da, du kannst dich auf mich verlassen. Ich bin für dich da. Ich bin für dich da.*

Ich gehe ins Fitnessstudio. Ich sehe einen Mann, der hart trainiert, und sage zu ihm: »Beeindruckend.«

Wir sind uns schon öfter begegnet, haben nur nie miteinander geredet. Er kommt zu mir rüber, grinst und zeigt mir auf seinem Handy die Website des Fitnessstudios.

»Schauen Sie mal«, sagt er. »Das bin ich.«

Er wird als Mitglied des Monats vorgestellt. Links das Foto eines Typen, der nicht in Form ist. Rechts sein heutiges muskulöses Ich.

»Beeindruckend«, sage ich wieder.

»Sich von Grund auf zu verändern ist harte Arbeit«, sagt er.

Ich sehe ihn verblüfft an. »Können Sie das wiederholen?«

»Sich von Grund auf zu verändern, das ist harte Arbeit.«

»Das Zitat der Woche, Mann«, sage ich zu ihm. »Das Zitat der Woche.«

Während des Gesprächs mit Cheryl vorhin hatte sie gesagt. »Du bist einer der gutherzigsten Menschen auf der Welt.«

Ich ließ es auf mich wirken. Was muss passieren, damit ich es auch glaube? Muss Gott den Himmel aufbrechen und es direkt zu mir herunterdonnern? Oder warte ich einfach, bis mir auf dem Sterbebett die Erleuchtung kommt?

Um wiedergeboren zu werden, muss man erst einmal sterben. Und das hier fühlt sich wirklich an wie der Tod. Ich bin fertig damit, herunterzuspielen, was Menschen, die ich respektiere, in mir sehen.

»Schütze dein Herz«, sagte sie. »Gib ihm, was es braucht.«

Das werde ich. Egal, was dafür nötig ist. Das werde ich.

IX

Das Problem mit Liebeskummer ist, dass es sich anfühlt, als würde er niemals enden. Man wird mit Gefühlen, Erinnerungen und Projektionen bombardiert, und genau in dem Moment, wenn man erschöpft ist, klatscht eine weitere Welle gegen einen. So geht es immer weiter.

Sie kommt von ihren Besorgungen zurück und umarmt mich.

»Meine Geliebte«, sage ich. So haben wir uns immer gegenseitig genannt.

Sie tritt einen Schritt zurück und lächelt schweigend. Das reicht mir. Dieses Pflaster abzureißen wird schmerzen, aber ich muss es tun.

Ich erzähle ihr, was Cheryl über mein Herz gesagt hat. Dann sage ich: »Ich muss dieses Herz schützen. Ich weiß nicht, wie, oder ob es mir gelingt, aber ich muss es schützen.«

Sie nickt. Ich weiß, dass sie mich liebt, aber ihr Entschluss steht fest.

»Ich gehe jetzt raus«, sage ich. Ich habe um fünf einen Frisörtermin. »Gegen sechs komme ich zurück. Ich will, dass du gehst und nicht mehr hier bist, wenn ich zurückkomme. Wenn ich wieder da bin, will ich nur den Schmerz fühlen und schreiben und packen und mich um mein gebrochenes Herz kümmern.«

Die Farbe weicht aus ihrem Gesicht.

»Mein Flug geht morgen früh, dann kannst du zurückkommen. Und wenn du deine Sachen abholst, lass mir nichts da. Keinen Zettel, keine Geschenke, keine Erinnerung an uns. Nichts.«

Ihr ist anzusehen, dass sie damit nicht gerechnet hat.

»Ich hab die Lektionen gelernt, die du dir noch von der Zukunft erhoffst«, sage ich. »Und ich kenne auch noch ein paar andere Lektionen, die du lernen wirst, obwohl du sie gar nicht lernen wolltest. Das hier ist deine. Mein Herz zu schützen liegt in meiner Verantwortung.«

Ich stelle mich dicht vor sie und sehe sie durchdringend an.

»Dies ist der Mann, der dir ein Leben lang zur Seite gestanden hätte. Du hast keine Ahnung, was Liebe ist.« Und dann, kann ich nicht anders. »Wenn du zu dem Entschluss kommst, dass dies das Herz ist, das du willst, dann melde dich.«

Keiner von uns blinzelt.

»Ein Letztes noch«, sage ich. »Es ist das Einzige, worum ich dich wirklich bitte. Setz deinen Helm auf.«

Da sie gern mit dem Rad durch die Stadt fährt, habe ich sie immer genervt, einen Helm zu tragen. Ich liebe sie immer noch innig. Für mich hat sich nichts geändert außer dieser einen Sache: Ich werde mich selbst schützen.

Ich schnappe mir eine Jacke und gehe ohne einen Blick zurück hinaus. Ich nehme die Treppe, statt auf den Fahrstuhl zu warten. Ich laufe in den Keller, von da muss ich wieder hoch in den zweiten Stock, um den Fahrstuhl nach unten zu nehmen. Ich komme mir ein bisschen blöd vor, aber es ist mir egal.

Ich trete in den Abend hinaus und gehe aufrechter, als ich es seit einiger Zeit getan habe.

X

»Du bist ein großartiger Mann«, hat Cheryl einmal zu mir gesagt. Es hat mich umgehauen, dass jemand, den ich so sehr bewunderte und respektierte, das von mir dachte. Ich wünschte, ich hätte ihr bis ins tiefste Innere geglaubt.

Ich beschließe, eine Datei anzulegen, in der ich alle ehrlichen Komplimente, die ich je bekommen habe, festhalte und die ich mir dann als Wahrheiten vorsagen werde. Es sind Geschenke, die andere mir gemacht haben. Wenn sie mich so sehen, mit welchem Recht sehe ich mich dann nicht selbst so?

Deshalb fange ich mit der Liste an:

1. Ich bin ein großartiger Mann.
2. Ich bin einer der gutherzigsten Menschen auf der Welt.

XI

Ich komme um 18.16 Uhr zurück. Im Fahrstuhl ertappe ich mich bei der Hoffnung, dass sie geblieben ist. Warum auch immer, wenn auch nur für einen netteren Abschied, doch während ich zu meinem Apartment gehe, schwindet die Hoffnung, und ich weiß es.

Als ich die Tür öffne, liegt die Wohnung im Dunkeln. Am Fenster hat sie eine brennende Kerze stehen lassen. Unter anderen Umständen hätte ich die stimmungsvolle Atmosphäre genossen. Ich stürme hinein, puste die Kerze aus und schreie die Zimmerdecke an. Ich könnte ausrasten.

Dann lege ich mich auf die Couch und starre stumpf die Wände an, bis ich eindöse. Als ich aufwache, ändere ich das Foto auf dem Startbildschirm meines Smartphones. Es war eins von ihr, wie sie mit schief gelegtem Kopf in die Kamera lächelt.

Ich ersetze es durch eine Lotosblume, die sich der Morgensonne öffnet.

Dann scrolle ich stumpfsinnig durch Twitter, bis ich bei einem Foto haltmache, das Dwayne Johnson, The Rock, gepostet hat. Es zeigt ihn bei einem seiner berühmt-berüchtigten frühmorgendlichen Work-outs. Verschwitzt, Grimassen schneidend, trainiert er mit voller Kraft an der schwer beladenen Hantelstange.

Das ist der Mann, der mit Anfang zwanzig aus der Canadian Football League verbannt wurde. Sein Traum, seine Karriere in der National Football League in den USA weiterzuverfolgen, zerschlug sich. Als er auf der langen Heimfahrt im Pick-up seines Vaters in seiner Geldbörse nachsah, besaß er nur noch sieben Dollar.

Zwei Wochen saß er im Apartment seiner Eltern herum und tat sich selbst leid. Dann war er fertig damit. Es war Zeit, sich neu zu erfinden.

Er stieg ins Profi-Wrestling ein, fing ganz von vorne an und gab dafür alles. Das Ergebnis: Seine Karriere gehört zu den erfolgreichsten, die es im professionellen Wrestling jemals gab. Auf dem Höhepunkt seines Ruhms machte er Schluss, um Schauspieler zu werden.

Jedes Mal, wenn er sich neu erfand, wandte er die gleiche Strategie an: Er setzte sich ein Ziel und kniete sich voll rein. Als seine frühen Filme floppten und ihn die Leute schon abschrieben, blieb er seiner Vision treu.

Heute ist er ein Blockbuster-Filmstar. Seine Filme brechen weltweit alle Rekorde. Der Name seines Filmstudios: Seven Bucks Productions.

Ich scrolle durch seinen Feed. Fotos von ihm mit Fans, Fotos von ihm am Set, Fotos von ihm beim Training. Immer am Grinsen. Seiner Frau und seinen Töchtern treu ergeben. Seine Arbeitsmoral ist legendär. Er hat schwere Zeiten durchgemacht, sich aber immer wieder aufgerappelt.

Ich lese ein Zitat von ihm. »Wenn ich Ihnen mein Wort gebe, etwas zu erledigen – dann wird es auch erledigt.«

Es ist offensichtlich, dass das nicht nur für andere gilt, sondern dass er auch sich selbst gegenüber Wort hält.

Er lebt uns allen eine Exzellenz vor, wie man sie nur selten findet.

Was ich gelernt habe: Wer sich schnell weiterentwickeln möchte, sollte sich jemanden suchen, den man bewundert, und sich dann an alldem ein Beispiel nehmen, das einen an ihm oder ihr inspiriert.

Seine Exzellenz wird mir ein Vorbild sein. Das ist es, was ich aus dieser Erfahrung mitnehmen will.

»Sei exzellent«, sage ich mir selbst, und meine Stimme klingt in der dunklen Wohnung hohl.

In dem Moment kommt es mir so weit weg vor. Aber wenigstens habe ich ein Ziel vor Augen.

XII

Am Flughafen, kurz bevor ich meine bereits abgefertigte Tasche abgeben will, erstarre ich. Etwas in mir fleht mich an, nicht fortzugehen. *Ich will nicht weg. Ich will nicht weg*. Wie ein kleines Kind bettelt und wimmert es, total verängstigt. Überall um mich herum beeilen sich Passagiere und Crewmitglieder, ihre Flüge zu erwischen, leben ihr Leben, tanzen ihren Tanz. Nichts ist wichtig.

Aber was soll ich tun? Nach Hause rennen und sie anflehen, zu bleiben? Wann in der Menschheitsgeschichte hat das funktioniert? Außerdem will ich nicht, dass sie aus Schuldgefühlen heraus oder aufgrund meiner Bitten bei mir bleibt, sondern weil ihr Herz sich nach meinem sehnt. Wenn sie ihre Freiheit will und ich sie liebe, soll sie ihre Freiheit doch haben.

Ich habe Lebenserfahrung genug, um zu wissen, wie ungemütlich das Leben wird, wenn man versucht, es durch das Nadelöhr seiner Wünsche zu zwängen. Ich muss mich von der Situation distanzieren. Ob nun, weil mir keine andere Wahl bleibt oder weil ich mich retten muss.

Ich gebe die Tasche ab, gehe zum Gate und warte darauf, an Bord zu gehen.

In dem Moment, allein in einem überfüllten Flughafen-Terminal, denke ich wieder daran, wie ich einmal war. An die Magie, die ich verspürte. An die Gewissheit, ergründet zu haben, wie das Leben funktioniert. Und trotzdem sitze ich hier, todunglücklich, und setze nicht um, worüber ich geschrieben habe. Angewidert von mir selbst, so tief gefallen zu sein.

XIII

Um ein Haar verpasse ich meinen Flug. Wie sich herausstellt, gab es eine Flugsteigänderung, und ich war so in Gedanken, dass ich die Durchsage nicht mitbekommen habe. Als ich mich wundere, warum niemand die Maschine besteigt, ist es fast Zeit für den Abflug.

Ich sehe auf dem Monitor nach und laufe schnell zum neuen Gate. Aber ich renne nicht. In gewisser Weise wäre es mir sogar recht, den Flug zu verpassen. Schieben wir es aufs Universum.

Aber kein Glück. Ich komme noch rechtzeitig hin, besteige den Flieger und schlafe noch vor dem Start auf meinem Sitz ein. Als ich aufwache, streift die Tragfläche Wolken und das Land tief unten ist schneebedeckt. Wieder schlafe ich ein und werde vom lautesten Baby der Welt geweckt. Es lacht, weint, schreit. An Schlaf ist nicht mehr zu denken.

Ich denke an sie. Ich weiß, ich könnte davonlaufen und mich in den Armen einer anderen wiederfinden. Oder zehn anderer. Funktioniert selten. So wie bei uns. Sie hat eine Ehe beendet, und ich war die nächste Zwischenlandung.

»Statistisch gesehen«, sagte James, als er mich sah, »hattest du eh schlechte Chancen.«

Ich bin nicht blöd. Mir war das nicht neu. Aber wann haben Statistiken jemals Herzen gesteuert?

Ich habe mich heftig in sie verknallt – und sie sich in mich. Wir waren zwei Jahre lang eng befreundet und dann fast ein Jahr zusammen. »Du bist meine größte Liebe«, hat sie zu mir gesagt. »Du kannst auf meine Liebe vertrauen, ich will, dass du dich ihr voll hingibst.« All das, bevor ich zu meiner Reise aufbrach. Die Reise, von der ich am Teppichsalto-Tag zurückkam. Danach hat sie zugegeben, dass sie sich mit mir vielleicht nur sicher fühlen wollte. Als ich zum freien Himmel hinausblicke, bin ich immer noch fassungslos, wie schnell sich etwas lösen kann, das sich einmal so fest verbunden anfühlte. Das Baby hört nicht auf zu lachen.

Ich flüchte ins WC. Während ich mir die Hände wasche, sehe ich mir im Spiegel tief in die Augen. Bevor ich mich versehe, flüstere ich: »Ich liebe mich selbst, ich liebe mich selbst, ich liebe mich selbst.«

Ich wiederhole es immer wieder, bis es die Kontrolle über meine Gedanken übernimmt.

XIV

Als ich an meinen Platz zurückkehre, bin ich innerlich ruhiger.

Ich denke an die Waffe meines Freundes. Es gäbe so viele Möglichkeiten, nach links von der Bühne abzutreten. Mein Leben auszulöschen. Der Flugkapitän kündigt den Sinkflug an. In dem Moment beschließe ich, zur jeder sich bietenden Gelegenheit die Spiegelübung zu machen.

Das Flugzeug steht kurz vor der Landung. Es ist zu spät, um zurück zur Toilette zu gehen. Deshalb sehe ich mit der Hand auf dem Herzen auf die bräunlichen Winterhügel Nordkaliforniens hinab und sage mir: *Ich liebe mich selbst, ich liebe mich selbst, ich liebe mich selbst …*

XV

Ich lande und nehme mir ein Uber-Taxi. Während der Wagen sich durch San Francisco schlängelt, fühle ich mich merkwürdig. Diese Stadt war einst mein Zuhause, verbunden mit Erinnerungen. Heute bin ich nur zu Besuch.

Als ich sie anrufe, geht sie ran. Ich sage ihr, was ich empfinde. Dass ich sie von ganzem Herzen liebe. Dass ich sie brauche. Dass ich gemeinsam mit ihr etwas Schönes daraus machen will. Sie weint und sagt, dass es schwer für sie ist und sie sich vorstellen kann, dass es für mich noch schwerer ist.

Ich antworte nicht darauf. Mein Leid wird ihres nur noch verschlimmern. Ich wiederhole nur, was sie mir bedeutet und dass ich sie brauche. Kein Bitten und Flehen, nur die Wahrheit.

»Es tut mir leid«, sagt sie, »aber ich muss das tun.«

Dagegen hilft kein Argument. Und ich werde sie auch nie zum Bleiben überreden. Sie soll zu mir kommen, weil ihr Herz es ihr sagt. Das weiß sie auch.

»Ich möchte, dass du auf dich aufpasst«, sagt sie.

Nach dem Gespräch starre ich mit leerem Blick hinaus auf die Bucht, und dann setzt mich der Uber-Fahrer an dem Apartment ab, in dem ich wohnen werde. Es ist fast leer, da die Bewohner erst vor Kurzem ausgezogen sind. Die Pflanzen, die sie zurückgelassen haben, sind tot. Das passt zu meiner Verfassung.

Wenn ich versuche, ihre Gründe zu verstehen, fühle ich Schmerz. Wenn ich daran denke, wo sie in der Zukunft sein wird, fühle ich Schmerz. Wenn ich daran denke, wo ich in der Vergangenheit mit ihr war … dreimal darfst du raten, noch mehr Schmerz.

Die Zukunft ist Schmerz. Die Vergangenheit ist Schmerz. Also muss ich in die Gegenwart zurückkehren und mir Liebe schenken. Zu jeder sich bietenden Gelegenheit.

Ich stehe am Fenster, sehe zu der berühmt-berüchtigten rostroten Brücke hinaus, lege die Hand auf mein Herz und versuche verzweifelt, mich selbst so zu lieben, wie ich es kann. Ich sage es mir immer wieder vor.

XVI

Ich dusche und gehe zur Geburtstagsfeier meines Bruders. Aus diesem Grund bin ich in San Francisco. Eigentlich wollte ich sie schwänzen, weil ich vom vielen Reisen vorher müde war, aber sie zieht aus, und es gibt ihr Freiraum und bewahrt mich davor, den Verstand zu verlieren, während ich ihr dabei zusehe.

Alle sind gekommen. Meine Mutter strahlt vor Stolz, wenn sie neben mir und meinem Bruder steht. Ihren Jungs.

»Sieh dir dieses Haus an, Mom«, sage ich und lege den Arm um sie. Es ist eins der schönsten Häuser, die ich je betreten habe. Und ich erinnere mich an meine Kindheit, als wir obdachlos waren und nicht wussten, wo wir hinsollten.

»Das haben wir alles dir zu verdanken, Mom«, sage ich.

Bevor sie antworten kann, küsse ich sie auf den Scheitel und gehe weg. Wenn wir mehr Zeit miteinander verbringen, wird sie meinen Schmerz spüren und nachfragen. Ich will sie damit nicht belasten. Manchmal glaube ich, dass eine Mutter den Schmerz ihres Kindes intensiver spürt als das Kind selbst.

Den restlichen Abend über, weiche ich aus und lenke ab, wenn mich jemand fragt, wo meine Freundin ist. Ein paar wenigen erkläre ich, was los ist, vertiefe das Thema jedoch nicht. Ich bin entschlossen und habe mein Pokerface aufgesetzt.

Bei einem Menschen komme ich damit nicht durch. Aniela Gregorek. Sie und ihr Mann Jerzy sind einst vor dem kommunistischen Regime in Polen geflohen und schon über vierzig Jahre zusammen. Beide trainieren Gewichtheber für die Olympischen Spiele und coachen prominente Privatkunden. Außerdem sind sie beide Lyriker und schreiben die Sorte klarer und aufrichtiger Gedichtzeilen, die von Menschen kommen, die Unterdrückung erlebt und um ihr Leben gekämpft haben.

»Ich sehe Traurigkeit in deinen Augen«, sagt sie.

Ich verliere fast die Beherrschung, fange mich aber wieder. Dies ist eine Feier, keine Selbstmitleidsorgie. Ich erzähle ihr, was passiert ist. Sie lächelt sanft und legt ihre Hand auf mein Herz.

»Das ist dein Geschenk«, sagt sie. »Verschließe es nicht.«

Ich versuche mein Allerbestes, nicht vor allen zusammenzubrechen.

»Es ist schwer«, sage ich, »und es schmerzt so.«

Sie drückt mich, hält mich lange fest. Als ich einen Schritt zurücktrete, sind ihre Augen feucht.

»Schreibst du?«, fragt sie.

Ich nicke.

»Gut. Setze es in Worte um. Das wird anderen helfen.«

XVII

Als die Party sich dem Ende zuneigt, halte ich einen Schwatz mit Tabreez, einem netten Typen, den ich schon kenne. Er erzählt mir, was er von Führungspersönlichkeiten über die Sichtweisen gelernt hat, die wir auf unser Leben haben.

Das Erste: **Das Leben geschieht mir.** So sehen wir es normalerweise, vor allem, wenn wir Opfer sind.

Das Zweite: **Das Leben geschieht für mich.** Das stellt alles auf den Kopf. Man hält Ausschau nach dem Guten, das das Leben einem gibt, einschließlich der Lektionen, die es einem erteilt.

Das Dritte: **Das Leben geschieht durch mich.** Wenn man sich dem Fluss des Lebens hingibt und nicht einmal nach dem Guten Ausschau halten muss, weil man es am eigenen Leib erfährt.

Dieser Mann ist wie aus dem Nichts aufgetaucht und hat mir ein hübsch verpacktes Geschenk mit einer glänzenden Schleife überreicht. Ich hätte ihn nicht darum bitten können – ich hatte keine Ahnung, was ich brauchte. Aber hier ist es. Ein Plan. Von einer Sichtweise zur zweiten und zur dritten. Wie man vom Opferstatus zur Magie kommt. Man muss nur seine Denkweise ändern.

XVIII

Am nächsten Morgen wache ich auf und bewundere die Aussicht. Ein Tanker tuckert gemächlich über die San Francisco Bay. Blauer Himmel, überall Vögel. Die Brücke ist wunderschön.

Mir wird klar, dass die Pflanzen, die ich für tot gehalten habe, es vielleicht gar nicht sind. Sie sind bloß trocken und ausgedörrt. Natur, die um ihr Leben kämpft. Deshalb nehme ich die einzige Tasse, die ich in diesem Apartment habe, und gieße sie. Solange ich hier bin, werde ich ihnen Liebe schenken.

XIX

Ich muss meiner Selbstverpflichtung treu bleiben und jeden zweiten Tag trainieren. Also telefoniere ich die Fitnessstudios vor Ort durch, finde eins, das bereit ist, mir für die Feiertage eine zeitlich begrenzte Mitgliedschaft zu verkaufen, und begebe mich dorthin.

Alex, der für die Betreuung der Mitglieder zuständig ist, versucht, mich in ein Gespräch zu verwickeln, während er mich einführt. *Ob ich ein Paket buchen will?* Kein Interesse. *Einen Personal Trainer im Sonderangebot?* Kein Interesse.

»Ich will nur Gewichte heben, Mann«, sage ich zu ihm.

Er will mir die Räume zeigen, wo die Kurse stattfinden.

»Nur die Gewichte«, sage ich. »Mehr will ich nicht sehen.«

Er macht die kürzeste Führung seines Lebens. Ich gehe direkt zum Gestell mit den Langhanteln und vergewissere mich, dass die Gewichte hoch genug gehen, sonst nichts. Ich melde mich an.

Ich ziehe mein Training durch, aber dank Aniela leicht abgewandelt. Als ich ihr gestern Abend von meiner gängigen Routine erzählte, die nur aus kombinierten Übungen besteht, schlug sie mir vor, zwischen den Sets länger zu pausieren.

»Wenn du dich nicht viel ausruhen musst, trainierst du nicht hart genug.«

Ich war daran gewöhnt, mich nicht mal eine Minute auszuruhen. Alles, was darüber hinausging, langweilte mich. Ich war nicht im Fitnessstudio, um rumzusitzen. Ich wollte die Gewichte bewegen, mir etwas abverlangen.

»Das ist Durchhaltevermögen«, sagte sie. »Härter trainieren, länger ausruhen, drei Minuten zwischen den Sets. Dann muss der Körper sich neu darauf einstellen, wieder hart zu trainieren. Das ist Kraft.«

Das letzte Wort ließ mich aufhorchen. »Ich probiere es mal aus.«

Also mache ich das. Und es ist fantastisch. Ich hebe schwerere Gewichte, achte auf die Technik, und als ich damit fertig bin, fühlt sich mein Körper anders an. Ich spüre, wie meine

Muskeln sich von dem Angriff erholen müssen. Manchmal ist es gut zu wissen, dass man nicht nur aus einem Gehirn besteht. Wir sind schließlich körperliche Wesen. Wie man das anstellt? Indem man den Körper an seine Grenzen bringt. Und selbst wenn es nur für diese Momente gilt, man kommt auf andere Gedanken.

Ich gehe nach draußen. Es schüttet, und die Regenschirme stehen in voller Blüte. Ich hebe meinen Kopf zum Himmel und spüre das Wasser auf meinem Gesicht.

XX

Ich habe über den Tod nachgedacht. Überraschung! Das Besondere am Tod ist seine Endgültigkeit. Eine scharfe Klinge, die durch das Leben schneidet und denjenigen abtrennt, der gestorben ist. Man kann nicht mehr mit ihm sprechen, nichts wiedergutmachen, nicht mehr sagen, was ungesagt geblieben ist. Er ist weg, und damit hat sich der Fall.

Vor einer Weile habe ich versucht, jeden Morgen über den Tod zu meditieren. Ich hatte gelesen, dass die Samurai das tun und es sie in furchtlose Kämpfer verwandelt. Ich habe es eine Zeit lang versucht, bin faul geworden und habe damit aufgehört. Ich hatte keine Kämpfe, in die ich reiten musste. Meine Tage fühlten sich zu sicher an.

Doch nachts sitze ich in dem leeren Apartment und stelle fest, dass diese Sicherheit immer eine Illusion ist. Sie ist die größte, gewaltigste Illusion, die uns je verkauft wurde. Es gibt nur eine Sache, die echt ist, und das ist der Tod. Er steht vor mir, nur einen Schritt entfernt.

In jedem Moment, in dem ich lebe, trete ich auf den Tod zu. Der Tod lächelt, tritt zurück. Ich mache einen Schritt vorwärts, der Tod tritt einen Schritt zurück. Ich vorwärts, der Tod rückwärts, ich vorwärts, der Tod rückwärts. Schritt auf Schritt auf Schritt. Und dann schreite ich weiter voran, und der Tod rührt sich nicht. Ich gehöre ihm.

Ich blicke zum Mond hinauf. Er ist heute Abend riesig und erhellt die Bucht. Wenn mein Herz in diesem Moment stillstünde und ich hinfiele, während das Leben aus mir herausgepresst würde und meine Sicht sich zu einem Nadelöhr verengte, würde ich mich an den Teppichsalto-Tag erinnern und wie sehr er geschmerzt hat oder würde ich ein letztes Mal nach dem Mond greifen und daran denken, wie wunderschön er ist?

XXI

Bei einem Spaziergang durch die Stadt stoße ich auf eine Kältesauna. Ich habe Kryotherapie noch nie ausprobiert, aber weil es mich schon länger interessiert, gehe ich rein. Im Handumdrehen stehe ich in Unterwäsche in einer zylinderförmigen Röhre, die sich mit durch Stickstoff gekühlter Luft füllt.

»Wie war es?«, fragt mich die Mitarbeiterin, als ich wieder heraustrete.

»Nicht schlecht«, sage ich. Es waren nur drei Minuten. »Aber mein Magen schmerzt ein bisschen.«

»Das liegt daran, dass der Körper das Blut in Ihren Organen konzentriert. Er versucht zu überleben.«

Wenn man den Körper belastet, reagiert er. Zuerst schaltet er auf den Überlebensmodus, und Blut fließt in die lebenswichtigen Organe, aber sobald die Belastung ausbleibt, passt er sich an. Er hat keine Wahl, er ist so gebaut. Gewichtheben im Fitnessstudio ist das beste Beispiel. Die Muskeln reagieren, indem sie stärker werden. Vielleicht passiert beim Gehirn das Gleiche.

Meins hat auf Überlebensmodus geschaltet. Aber während es sich anpasst, wird es stärker und mir wird es besser gehen. Ich muss nur dranbleiben. Egal, welche Gedanken kommen oder was ich bei meiner Rückkehr nach ihrem Auszug vorfinde. Unbedingt. Tag für Tag. Nur das verdammte Gewicht heben.

XXII

Ein nebliger Morgen in San Francisco. Der Tag vor Weihnachten, die Straßen sind fast leer. Meine Gedanken kehren ständig zum »Was wäre, wenn« zurück. Was, wenn ich so gewesen wäre? Oder so? Was, wenn ich dies oder jenes getan hätte? Was, wenn ich am Teppichsalto-Tag stärker gewesen wäre, was wäre dann?

Das ist Gift, wird mir klar, während ich einen einsamen Jogger im Nieselregen beobachte. Und darin liegt keine Wahrheit. Die Wahrheit ist das, was ist.

Was ist, ist, was passiert ist. Es gibt absolut nichts, was ich dagegen machen kann. Es ist Vergangenheit. Und die Vergangenheit ist tot. Erledigt. Die einzige Frage ist: Wer werde ich heute sein? Das ist alles.

XXIII

Es regnet stark. Ich sehe durch die Wohnzimmerfenster zu. Die Bäume in San Francisco sind im Winter noch grün. Meine Gedanken wirbeln wild durcheinander. Ich erinnere mich an den Plan – von *mir* zu *durch mich*. Ich muss meine Denkweise ändern.

Ich kehre zu einer Gewohnheit zurück: die zehn Atemzüge zur Selbstliebe. Jedes Mal, wenn meine Gedanken in der Vergangenheit, in der Zukunft oder im »Was wäre, wenn« feststecken, werde ich zehn tiefe und volle Atemzüge nehmen. Bei jedem Einatmen werde ich mir sagen, *Ich liebe mich selbst*. Wann immer ich kann, werde ich mich zwingen, es zu fühlen. Das ist alles.

Aber …

Wenn mein Gehirn ins Stottern gerät und zu dem Durcheinander zurückkehrt, werde ich den Zähler zurücksetzen und von vorn anfangen. Selbst wenn es hundert Atemzüge braucht, um zu zehn ununterbrochenen Atemzügen zu kommen, werde ich es tun. Jedes Mal.

Ich werde nach Exzellenz streben, sage ich mir selbst. Ich mache das einen Tag lang. Es ist schwer, aber ich tue es. Aber am Abend breche ich zusammen.

Nachts trifft mich der Schmerz am schlimmsten. Wir waren doch glücklich! Wir haben einander geliebt! Wie konnte das passieren? Ich versuche, auf Selbstliebe umzuschalten, doch es ist nahezu unmöglich. Der Schmerz in meiner Brust ist körperlich und echt.

Also lasse ich ihn zu. Ich sage dem Schmerz: *Komm, wenn du willst, ich trete dir entgegen*. Und er kommt. Er rüttelt mich durch, wringt mich aus, und als er vorbeigeht, bin ich noch da. Danach mache ich die zehn Atemzüge.

XXIV

Ja, der Teppichsalto ist passiert. Ja, ich bin nach hinten geflogen, dem Boden entgegen, und ich wusste, wenn ich aufpralle, würde ich zerbrechen. Aber ich bin noch nicht aufgeprallt.

Ich muss nicht weiter fallen. Ich muss nicht zerbrechen. Es ist meine Entscheidung.

Vergiss nicht: Du bist mächtiger als deine Illusionen.

XXV

Ich schließe die Augen und spüre, wie das Feuer mich verzehrt, indem es alles wegbrennt, was nicht ist.

XXVI

Einst habe ich einen Mönch gefragt, wie er Frieden findet.

»Ich sage Ja«, sagte er. »Zu allem, was geschieht, sage ich Ja.«

Das Letzte, was mein Gehirn sagen will, ist Ja. Es steckt in der Frage nach dem »Was wäre, wenn« fest. Spielt noch einmal die Vergangenheit durch, was ich hätte tun können, und es führt mir manchmal eine stärkere Version meiner selbst vor, zeigt mir andere Situationen, in denen ich mich erbärmlich verhalten habe.

Meine Seele schreit dem Leben ein lautes NEIN zu.

Aber ich muss Ja sagen. Zu dem, was ist. Zu allem. Wenn ich bei Kräften bleiben will, habe ich keine Wahl. Ansonsten bleibe ich Opfer.

XXVII

An Weihnachten ruft sie mich nachmittags an.

»Ich habe gerade deine Nachricht gesehen«, sagt sie.

Die Nachricht, von der sie spricht, ist eine SMS, die ich ihr heute Morgen geschickt habe.

Es ist schwer, meine Geliebte, hatte ich geschrieben. *Wirklich furchtbar schwer.*

»Ich habe deine Nachricht gesehen«, sagt sie noch einmal, »und fühle mich schlecht.«

»Das war nicht beabsichtigt«, sage ich. »Ich hatte nur einen schwachen Moment.«

»Sorgst du für dich?«

»Ich bin ich«, sage ich. »Ich schreibe, ich trainiere, ich sehe in den Himmel und denke nach.«

Ein bisschen Small Talk, dann sagt sie: »Ein Teil von mir will meine Zeit damit verbringen, dich zu lieben, aber das hier fühlt sich richtig an. Ich brauche Zeit für mich und Freiraum.«

»Dann muss ich das unterstützen«, sage ich. »Ich liebe dich. Daher kann ich dir nur geben, was du brauchst.«

Mir wird klar, dass es für sie auch schwer ist. Es besteht kein Grund, mir Geschichten über sie auszudenken, die keinem von uns nützen. Ich werde die Liebe, die wir hatten, nicht herabsetzen. Ich werde einfach ich sein. Und in der Zwischenzeit, wenn sie nicht in der Lage ist, mich zu lieben oder zu schützen, werde ich mich selbst schützen. Ich werde mich selbst lieben.

XXVIII

Das ist jetzt dein Leben. Wie kommt man da hin?

Du willst nicht länger ein beliebiges Blatt unter vielen sein, das sich im Herbstwind dreht. Es gibt ein Muster in allen Dingen, etwas, das größer ist als du. Ganz gleich, ob du Beweise dafür hast oder nicht, du beschließt, dass es so ist.

Dann hältst du Ausschau nach dem, was funktioniert, was dir innewohnt, wofür du dankbar sein solltest, wenn du nicht so sehr in deinen Gedanken gefangen bist. Egal, ob es unbedeutend oder groß ist. Es bringt dich von dem weg, was du verloren hast, und hin zu dem, was du hast und was hinzukommt.

Das mache ich. Ich liste alles auf, was ich habe. Die Weihnachtsgrüße auf meinem Handy von so vielen Menschen, die mich lieben. Dann, was ich hinzugewinne. Ich konzentriere mich auf meinen Körper und auf meinen Geist wie lange nicht mehr. Verdammt, durch die vielen appetitlosen Tage sind meine Bauchmuskeln in Form wie seit Jahren nicht.

Auf einmal lache ich. Ich habe monatelang lamentiert, dass ich einen Rückzugsort zum Schreiben bräuchte. Nur dass ich nicht wusste, wohin ich gehen und worüber ich schreiben sollte. Tja, Problem gelöst.

Es passiert etwas Gutes. Ich bin mir nicht sicher, wohin es führt, was es schwierig macht, aber an diesem Punkt kommt das Vertrauen ins Leben ins Spiel. Und in der Zwischenzeit hebe ich einfach Gewichte.

Ich fühle mich etwas besser und spaziere zum Marina Green. Das Fitnessstudio hat geschlossen, und ich muss mich bewegen. Also mache ich Sprints. Seit Jahren habe ich das nicht mehr gemacht, und ich hänge mich so rein, dass mehrere Läufer innehalten, um mir beim Vorbeipesen zuzusehen.

Als ich fertig bin, betrachte ich um Atem ringend den Sonnenuntergang über der Brücke. Schließlich stoße ich keuchend das einzige Wort hervor, das in mir aufsteigt: Danke.

Ich wiederhole es auch für das oder den, der größer ist als ich. Danke. Danke. Danke.

XXIX

Die Morgen sind schwierig. Wenn ich aufwache, überfällt mich die krasse, nackte Realität dessen, was ist, und meine Gedanken springen sofort zu den »Was wäre, wenn«. Also rette ich mich in die zehn Atemzüge. Ich bin verzweifelt, während ich die Übung mache.

Wenn Säugetiere atmen, nehmen sie lebensspendenden Sauerstoff auf und geben giftiges Kohlendioxid frei. Ich tue das Gleiche. Mit jedem Einatmen sage ich mir: *Ich liebe mich selbst*. Mit jedem Ausatmen lasse ich frei, was in mir ist.

Ich habe angefangen, mir vorzustellen, wie mit jedem Einatmen Licht von oben in mich strömt.

Der Tod beschäftigt mich immer noch. Dort ist er, lockt mich mit seinem knochigen Finger. Atemzug um Atemzug trete ich vor. Er tritt zurück. Es gibt nur eine Garantie: Ein Atemzug wird irgendwann mein letzter sein.

Heute Morgen, während ich auf die Bucht hinausblicke, hoffe ich, dieser letzte Atemzug wird aus Liebe sein.

XXX

Ein Opfer erkennt man am besten daran, dass es alles auf sich bezieht. »Wie konnte mir das passieren.« »Sie hat mir das angetan.« Und so weiter.

Aber was ist mit ihr? Jeder hat seine Beweggründe und seine Schmerzen, bekannte und unbekannte. Das passiert auch ihr. Mein Verhalten ihr gegenüber ist das, was ich ihr antue. Und mein Verhalten mir gegenüber ist das, was ich mir antue.

Es liegt an mir, damit aufzuhören. Ich kann die Ansichten und Handlungen eines anderen weder kontrollieren noch dafür Verantwortung übernehmen. Nur für meine. Also muss ich an mir arbeiten. Ich habe ja den Plan.

Statt zu sagen, etwas passiert mir, sagst du: *Ich* passiere *ihm*.

Entscheide dich, wer du bist. Entscheide dich dafür, aus einer Position der Stärke zu agieren. Aus einer Position tiefster und aufrichtigster Selbstliebe. Das passiert der anderen Seite. Schau mal, was dabei herauskommt.

XXXI

Ich fange an zu meditieren. Etwas, das ich über ein Jahr lang nicht mehr ernsthaft betrieben habe. Ich lege ein Musikstück auf, das mir ein gutes Gefühl gibt. Mit jedem Atemzug spüre ich, wie Licht von oben in meinen Körper fließt, und sage zu mir: *Ich liebe mich selbst*. Dann atme ich alles aus, was rausmuss. Das ganze Kohlendioxid des Geistes.

Natürlich wandern die Gedanken ab, aber die Musik wird zum Anker und erinnert mich fast unmerklich daran, was ich tue, und als sie allmählich zum Ende kommt, dass die Zeit gleich vorbei ist. Das beruhigt meinen Geist auf natürliche Weise. Auch er sehnt sich verzweifelt nach Frieden.

Diese Meditation zentriert mich mehr als alles andere. Sie ist etwas Besonderes, von mir, nur für mich.

XXXII

Mein Vater hat meine Mutter geschlagen, und wenn ich mich gegen ihn zu wehren versuchte, ging er auf mich los, bis mein Gesicht blutig war und sie ihn anflehte, aufzuhören. Nachdem wir ihn verlassen hatten, wurde ich belästigt. Oder tyrannisiert? Ich könnte ein Lehrbuch darüber schreiben.

Hat mich das alles zum Opfer gemacht? Vielleicht.

Aber ich bin kein Kind mehr. Und als Erwachsener hat man die Wahl zwischen zwei Dingen: Opfer oder Held.

Vor langer Zeit traf ich die Entscheidung, Letzteres zu sein. Ich ging zum Militär, ich stärkte meinen Körper, ich übte mich im Kampfsport. Meine Kindheit formte mich zu dem äußerst loyalen Mann, der ich bin. Sie gab mir die Sensibilität und die Tiefe, um die Bücher zu schreiben, die ich schreibe.

Ich bin verdammt stolz auf den Jungen, der überlebt hat und zu diesem Mann wurde. Er nahm das, was passierte, und machte etwas Gutes daraus. Er wurde zum Helden dieser Geschichte.

Höchste Zeit, vorzutreten, die Entscheidung erneut zu treffen. Sei der Held dieser Geschichte.

XXXIII

Wenn ein Mensch aus deinem Leben geht oder du deinen Job verlierst, ändert das nichts an dir als Mensch. Nur du kennst dich. Und wenn du mit irgendeinem Aspekt deiner selbst unglücklich bist, nutze diese emotionale Energie. Wringe jede einzelne Faser aus. Es gibt nichts, das dir passiert. *Du* passierst.

Steig wie der Phönix aus der Asche.

Setze alles daran.

Oder frag dich, so wie ich in letzter Zeit: *Was würde The Rock tun?*

XXXIV

Die zehn Atemzüge fließen immer natürlicher. Ich stelle fest, dass es mir besser geht. Immer, wenn ich an einem Spiegel vorbeikomme, ob im Bad oder im Fitnessstudio, stelle ich mich davor, sehe mir fest in die Augen und spüre die Liebe für mich selbst. Ich stehe sogar aufrechter, mit erhobenem Haupt.

Aber nicht die ganze Zeit. Die Gedanken an das »Was wäre, wenn« bedrängen mich immer wieder. Es sind meine Unsicherheiten, die plötzlich auftauchen, verkleidet als Projektionen von ihr ohne mich. Die mir sagen, dass ich nicht gut genug war.

Ängste, jede einzelne davon. Halluzinierte Schlangen, die von der Decke baumeln.

Nicht nützlich, sage ich mir. Nicht echt. Das Einzige, was echt ist, ist das, was Sache ist. Und Sache ist, dass ich alles daransetze, um exzellent zu werden. Und ganz gleich, wohin sie geht, sie wird mein exzellentes Ich verpassen.

Wenigstens kommt mein Humor zurück.

Aber auch wenn ich mir beinahe eine Zukunft vorstellen kann, in der es mir weiterhin immer besser gehen wird, steht mir ein Hindernis im Weg. Sobald alles gut läuft, werde ich bequem und lasse es schleifen. Das habe ich in meinem Leben schon oft getan.

Aber diesmal nicht. Exzellenz lässt nichts schleifen.

Meine größte Stärke ist mein Glaube an die Macht der Selbstverpflichtung. Alle bedeutenden Errungenschaften in meinem Leben sind darauf zurückzuführen. Irgendwann werde ich sie auch hier einsetzen müssen.

XXXV

Ein Freund simst mir, ob wir im Januar zusammen auf Männertour gehen. Ich weiß, was das bedeutet: Partys und Frauen. Deshalb frage ich mich: *Wenn ich mich lieben würde, was würde ich tun?*

Die Antwort ist klar. Ablenkungen leisten der inneren Leere Vorschub, und mein Herz muss heilen. Ich passe.

Diese Frage kam mir beim Meditieren immer wieder in den Sinn, sodass ich angefangen habe, sie mir regelmäßig zu stellen. Das Beste daran ist das *Wenn*. Sie ist perfekt für die Momente, in denen ich mich eher nicht liebe. Und ich bekomme trotzdem die Antwort, die ich bekommen würde, wenn ich es täte.

So einfach. So effektiv. Das sind die besten Dinge.

XXXVI

Ein Gedanke schwirrt vorbei: Ich brauchte das.

Ich habe mich lange Zeit treiben lassen, mir nichts abverlangt, es schleifen lassen. Aber jetzt nicht mehr. Es ist, als hätte mich jemand mit einer Ohrfeige geweckt. Ich fühle mich so verletzlich und echt wie nie zuvor. Jeder Tag ist durch intensive Konzentration auf Selbstliebe geprägt. Auf Exzellenz.

Der Gedanke hält nicht lange an. Aber er fühlt sich trotzdem verdammt gut an.

XXXVII

Das Gehirn kann immer nur einen Gedanken festhalten. Und jedes Mal, wenn ich einen Gedanken mit Gefühl wiederhole, verstärke ich ihn und erhöhe dadurch die Chance, dass er zurückkehrt. Also hängen meine zukünftigen Gedanken und Gefühle von mir ab. Ich lege in diesem Moment die Grundlagen für sie.

Ich halte mein Gesicht in die Sonne, schließe die Augen und spüre, wie das Licht alles entfernt, was nicht ist. Und die ganze Zeit über sage ich mir: *Ich liebe mich selbst. Ich liebe mich selbst. Ich liebe mich selbst.*

Warum Licht? Weil Licht Leben ist. Frag mal eine Pflanze.

Selbst nachts oder beim Meditieren spüre ich das Licht.
Ich stelle mir vor, wie Sterne und Galaxien zu mir hinab- und durch mich hindurchfließen. Licht ist immer vorhanden.
Es wird zum Herzstück meiner Selbstliebe.

Der Name, der mir gegeben wurde, bedeutet Lotos. Eine Blume, die sich aus Schmutz und Schlamm erhebt und sich dem Licht öffnet. Und laut der alten Legenden lässt sich Gott auf ihren Blütenblättern nieder.

Licht öffnet mich, es heilt mich, es befreit mich. Alles, was ich tun muss, ist, es zu empfangen.

XXXVIII

Es ist Morgen. Der Wecker klingelt. Ich schrecke aus einem Traum hoch, in meinem Kopf läuft schon das Programm aus Schmerz und »Was wäre, wenn« ab, und ich mache die Übung mit den zehn Atemzügen. Atme langsam und tief. So kann mein Verstand kein Unheil mehr anrichten, sondern ich zwinge ihm meinen Willen auf. Ich habe das Sagen, lege die Grundlagen, vertiefe die Pfade. Das ist Exzellenz in meinen Gedanken.

Als Nächstes schnappe ich mir einen Kaffee und meditiere. Das öffnet mich dem Licht wie nichts sonst. Als die Musik zu Ende geht, verspüre ich innere Ruhe.

Den Rest des Tages nehme ich von Augenblick zu Augenblick. Ich schreibe mit einer nie gekannten Energie. Wenn ich ins Fitnessstudio gehe oder Sprints mache, verlange ich mir viel ab und ruhe mich dazwischen lange aus. Das gibt mir das Gefühl, lebendig zu sein.

Wohin der Kopf geht, folgt auch der Körper. Aber auch umgekehrt. Darin liegt ein Lösungsansatz.

XXXIX

Ein Freund simst mir. Wir haben seit Monaten nicht miteinander gesprochen.

Geht's dir besser?

Vor einem halben Jahr hatte ich ihm die Minimalversion eines Problems erzählt, mit dem ich zu kämpfen hatte –

eine Gehirnerschütterung, die monatelang lähmende Schmerzen und danach immer wiederkehrende Kopfschmerzen nach sich zog. Nichts, was darüber hinausging, da mein Ego mich davon abgehalten hatte, tiefer zu gehen.

Aber wenn schon etwas zerbrechen muss, dann sollte es mein Ego sein. Es hält mich davon ab, echt zu sein. Es hält mich davon ab, die Hilfe anzunehmen, die das Leben bietet. Ich rufe ihn an und setze ihn ins Bild.

»Komisch«, sagt er, als ich fertig bin. »Heute Morgen fiel mir ein, wie du das in Ordnung bringen kannst. Deshalb die SMS.«

Er ist ein Meister darin, sich gesund und fit zu halten. Ich sehe ein Licht am Ende des Tunnels.

»Ich werde dir helfen«, sagt er. »Lass uns alle Testergebnisse zusammentragen und einen Plan erstellen. Wir gehen es Woche für Woche an. Das Gute daran ist, dass ich bei dir sicher sein kann, dass du den Plan auch wirklich umsetzen wirst.«

Er kennt meinen Glauben an die Macht der Selbstverpflichtung. Wenn ich mich für etwas entscheide, knie ich mich voll rein. Wie ich schmerzlich lernen muss, ist das in Beziehungen sowohl eine Stärke als auch eine Schwäche. Meine Loyalität sollte man sich verdienen und sie nicht einfach so bekommen, nur weil ich denjenigen liebe.
Aber vergiss Beziehungen. Vergiss sie. Sie rettet mich nicht. Aber ich.

XL

Bin ich wütend? Na klar. Auf sie. Auf das, was passiert ist. Auf mich selbst. Auf das Leben.

Warum konntest du mich nicht einfach glücklich sein lassen? flehe ich in Gedanken das Leben an. *Warum konntest du mich, als wir noch zusammen waren, nicht so wachsen lassen wie jetzt?* Oder, was mich am meisten quält: *Wie konnte das passieren?*

Das Leben antwortet nicht. Falls doch, schreie ich vermutlich zu laut, um es noch zu hören.

Die Wut zerstört mich nur. Deshalb kehre ich immer, wenn ich Wut oder Verzweiflung verspüre, zu den zehn Atemzügen zurück – und das kommt den ganzen Tag über vor.

Außerdem kann ich nicht zulassen, dass diese Sache mich als Mensch schmälert. Ich bin ein offener, liebevoller Mann – und fertig. Darin liegt Kraft. Und ich werde auf keinen Fall meine Liebe zu ihr herabwürdigen, indem ich sie rational begründe. Liebe ist das, was sie ist. Es braucht Stärke, den Menschen, der einen verletzt hat, weiter zu lieben. Darin liegt keine Schwäche.

Wenn Wut oder Schmerz aufkommt, lasse ich es über mich ergehen, und wenn es vorbei ist, werde ich immer noch da sein, aufrecht. Und ich sein. Und dann wende ich mich dem Licht zu.

XLI

Ich besuche Jerzy, der mich trainiert. Er spielt in einer anderen Liga, olympisches Gewichtheben. Der Kraftakt besteht darin, so viel Arbeit wie möglich in so wenig Zeit wie möglich zu investieren. Umsetzen und Reißen verlangt dem Körper alles ab. Ich spüre, wie meine inneren Systeme hochfahren und plötzlich aktiviert sind.

Das Gleiche gilt für den Geist. Ich könnte diese Selbsthilfeübungen über Monate hinziehen. Ein kleines bisschen hier, ein kleines bisschen da oder nur wenn ich Lust oder die Kraft habe. Aber das ist reine Ausdauer. Und wer will das Leben nur durchhalten?

Außerdem würde ich nicht solche Fortschritte machen. Davon bin ich fest überzeugt. Für Körper und Geist gilt die gleiche Lösung: sich reinstürzen und alles geben.

»Ich sage dir, wie meine Philosophie lautet«, verkündet Jerzy nach dem Training. »Ein Wort: Verbesserung.«

Das klingt einleuchtend.

»Wenn du die Philosophie anderer erkennen willst«, sagt er, »sieh dir ihr Leben an. Wir alle leben unsere Philosophie. Unser Leben resultiert daraus.«

XLII

Wenn ich über der Erde schweben und dabei zusehen könnte, wie sich die Menschheit weiterentwickelt, wenn ich die Dramen der Vergangenheit bis zur Gegenwart an mir vorbeiziehen lasse und dann auf mein körperliches Ich zoomen würde, das gramgebeugt dasitzt, was würde ich sagen?

Würde ich sagen: »Na los, leide weiter vor dich hin?«
Das bezweifele ich.

Ich würde behutsam mit mir umgehen. Ich würde mir mit tiefer Liebe in die Augen sehen und sagen: »Ist schon gut. Lass los. Wünsch ihr viel Glück, wünsch ihr alles Gute und lass los. Sei im Licht und vertraue aufs Leben.«

XLIII

Nachdem Jerzy und Aniela aus Polen geflohen waren, landeten sie fast mittellos in New York City. Am ersten Tag wurden ihnen auch noch die Koffer geklaut. Aber sie hatten ihre Prioritäten. Sie mussten sich ein Fitnessstudio suchen und trainieren.

Sie gingen zur Heilsarmee, fanden etwas zum Anziehen, aber das einzige Paar Turnschuhe, das Jerzy passte, war knallrosa.

»Sie haben nur einen Dollar gekostet«, sagt er lachend. »Ich hatte keine Wahl. Ich musste sie kaufen.«

Im Fitnessstudio war die Trainingsbank von zwei großen Männern besetzt, die sehr schwere Gewichte hoben. Aber ihre Technik war falsch. Ihre Rücken waren gerundet und konnten das Gewicht kaum oben halten.

Jerzy, der ihnen behilflich sein wollte, ging zu ihnen und sagte ihnen, dass sie ihre Technik korrigieren müssten. Sie sahen erst ihn, dann seine knallrosa Turnschuhe an und fingen an zu lachen.

»Was sollte ich machen?«, fragt er. »Manchmal reichen Worte nicht aus. Man muss es einfach zeigen.«

Er schnappte sich die beladene Stange und machte ihnen dreimal vor, wie man perfekt Gewichte reißt. Das gleiche Gewicht, bei dem sie durchhingen. Danach verhielten sie sich bei jeder weiteren Begegnung mit Jerzy wie seine besten Freunde.

Lektion 1: Beurteilt nie einen Menschen nach seinen Schuhen.

Lektion 2: Wenn andere an euch zweifeln, seid einfach super.

XLIV

In einem schwachen Moment schreibe ich ihr eine Nachricht. Sie antwortet. *Bla, bla, bla, du verdienst nur das Beste bla, bla, bla*.

Ich starre eine Weile auf den Text, immer noch verwundert, wie eine Person nach allem, was man zusammen erlebt hat, ihr Verhalten so schnell ändern kann. Aber das ist ihre Sache, nicht meine. Ich werde ich sein.

Ich hole die Liste heraus, die ich angefangen habe. Ich habe noch nichts hinzugefügt, außer einen Kommentar von einem Freund.

Ich füge ihren hinzu.

1. Ich bin ein großartiger Mann.
2. Ich bin einer der gutherzigsten Menschen auf der Welt.
3. Ich sehe toll aus.
4. Ich verdiene nur das Beste.

Dieser Typ klingt langsam ziemlich exzellent.

XLV

Ich esse abends mit meiner Familie in einem japanischen Shabu-Shabu-Restaurant in der Lombard Street. Wir feiern die Geburt meines Neffen vor hundert Tagen. Er schläft fest in der Babytrage vor der Brust seiner Mutter. Sein älterer Bruder sitzt neben mir und trommelt mit Stäbchen auf sein iPad.

»Auf die Welt zu kommen ist doch schrecklich«, sagt mein Bruder. »Du hast es im Mutterleib schön gemütlich, all deine Bedürfnisse werden gestillt. Du hast manchmal Bewegung. Du hörst manchmal Musik. Du hast so viel zu essen, wie du willst, und plötzlich klemmen die Wände dich ein, und das Wasser ist weg. Einfach weg. Und du wirst nach draußen geschoben und gedrückt, und da sind so viele Lichter und Lärm …«

»Und dann kriegst du einen Klaps auf den Po«, sage ich.

»Genau. Du warst glücklich und zufrieden, und auf einmal fängst du dir eine.«

Alle lachen. Er ist heute gut in Form.

»Niemand will freiwillig auf die Welt kommen«, sagt er und sieht mich direkt an. »Man muss rausgepresst werden.«

Der hundert Tage junge Mann der Stunde wacht auf und zieht alle Aufmerksamkeit auf sich.

Mein Bruder wendet sich wieder mir zu. »Joe zieht nach L.A.«

Joe ist ein Freund meines Bruders. Einer dieser New-Age-Typen, die immer positiv und optimistisch sind.

»Das passt zu ihm«, sage ich. San Francisco ist schon lange nicht mehr die Bastion der Liebe und Offenheit. Das ist heutzutage Südkalifornien.

»Ja«, sagt er. »Du wärst überrascht, er ist echt clever. Rate mal, was er früher beruflich gemacht hat.«

»Teilchenphysik«, sage ich. Wahrscheinlich das Absonderlichste, was mir einfällt.

»Er war bei der Mafia.«

»Du machst Witze. Joe?«

»Als er neunzehn war. Er war auf unterster Ebene, hat immer mal wieder gesessen, aber ihnen ist aufgefallen, dass er clever ist. Deshalb haben sie gesagt, sie bezahlen ihm ein Jurastudium, und wenn er fertig ist, ist er ihr Mafiaanwalt.«

»Lebenslange Anstellung«, sage ich lachend. »Unkündbar.«

»Dann schwängert er eine junge Frau. Sie beschließt, das Baby zu behalten. Also kommt Joes Sohn auf die Welt, und er glaubt, sein Leben ist vorbei. Er muss sich ändern, weil er keinen Sohn haben will, dessen Vater im Knast sitzt. Also ist er raus aus der Mafia.«

Das ist eine verdammt gute Geschichte. Ich kann mir nicht mal vorstellen, dass Joe bei Rot über die Ampel geht – von einer Mafiamitgliedschaft ganz zu schweigen.

»Manchmal«, sagt mein Bruder, »stellt sich heraus, dass das, was du für das Schlimmste hältst, was dir passieren konnte, das Beste ist, was du je gemacht hast.«

XLVI

Ich bin nicht glücklich. Ich lächele nicht. Ich bin sogar oft todunglücklich, wenn ich sie vermisse. Aber mir geht es besser. Das lässt sich nicht leugnen. Es ist erst wenige Wochen her, aber es kommt mir vor, als hätte ich den Dreck eines ganzen Lebens von mir abgestreift. Zum ersten Mal seit Ewigkeiten fühle ich mich echt.

Gelegentlich frage ich mich, ob das Leben mir sogar einen Gefallen getan hat. Ich bin hellwach. Ich konzentriere mich intensiv darauf, mich selbst zu lieben. Beim Schreiben bin ich im Flow. Mein Training übertrifft alle Erwartungen.

The Rock wäre zufrieden.

XLVII

Ich bin nicht zu bremsen, weil ich im Überlebensmodus bin. Irgendwann werde ich an Schwung verlieren und es schleifen lassen. Das liegt in der menschlichen Natur. Es liegt in meiner Natur. Und unabhängig von den Fortschritten, die ich erziele, bin ich immer noch eine kleine Nummer. Bald ist es an der Zeit, in die Oberliga aufzusteigen.

Und wie gelange ich dorthin? Durch Selbstverpflichtung.

XLVIII

Besonders gut gefallen mir beim Meditieren die Erkenntnisse, die mir dabei kommen. Die Antworten auf Fragen, von denen ich nicht einmal wusste, dass ich sie mir stelle. Hier ist eine Antwort, die ich heute Morgen bekam: *Die Liebe, die ich für sie empfinde, ist echt und wunderschön. Es ist Zeit, mir selbst diese Liebe zu geben.*

Diese Erkenntnisse sind mit Vorsicht zu genießen. Der Verstand ist trickreich und kennt jedes Hintertürchen. Was wie eine Antwort aussieht, könnte einfach nur das Gehirn sein, das sein Ding macht. Und hier ist die Methode, das herauszufinden. Frage dich: Ist es Angst, oder ist es Liebe?

Ist es Angst, kennst du die Antwort. Nicht echt, nicht nützlich, halluzinierte Schlange.

Ist es Liebe, setze die Antwort um.

XLIX

Mir ist aufgefallen, dass es langsam wieder läuft. Gesundheitliche Probleme? Die richtige Person simst aus heiterem Himmel und bietet mir Hilfe an. Eine Begegnung erspart mir eine Geldanlage, die ich sonst in den Sand gesetzt hätte. Und so weiter.

Zufälle? Klar. Synchronitäten? Warum nicht. Aber die Sache ist die: Ich habe mich entschlossen, zu glauben, dass ich kein einsames Blatt im Wind bin. Ich bin Teil von etwas, das größer ist als ich. Wenn das der Fall ist, dann sollte mich das alles kein bisschen überraschen.

Wenn man sich selbst liebt, liebt einen das Leben auch.

L

Ich habe keinen Tropfen Alkohol getrunken. Mein Social-Media-Konsum geht gegen null. Ich führe keine oberflächlichen Gespräche. Das alles würde mich runterziehen. Kohlendioxid des Geistes.

Pascal hat einmal gesagt, dass die Probleme der Menschen auf ihre Unfähigkeit zurückzuführen sind, still in einem Raum zu sitzen. Immer her damit, Kumpel. Ich krieg das hin.

Dem Feuer entgegenzutreten streift alles ab, was nicht zu dir gehört. Was übrig bleibt, ist das wahre Ich. Und sosehr mein Gehirn sich auch ablenken will, ich erlaube es ihm nicht. Die Sache ist zu wichtig. Ich bin zu wichtig.

Dass mir dieser Gedanke kommt, überrascht mich. Nur jemand, der sich selbst liebt, würde das denken. Gefühlt zum ersten Mal seit Ewigkeiten lächele ich.

LI

In letzter Zeit habe ich mich mit verzweifelter Intensität geliebt. Um mich selbst zu retten. Um wieder ohne Schmerz zu sein. Um Erinnerungen und Projektionen von ihr zu vermeiden. Aber was, wenn sich selbst zu lieben nicht nur ein Mittel zum Zweck, sondern selbst der Zweck ist?

Ganz am Anfang wäre mir das nie in den Sinn gekommen. Und selbst wenn, wäre ich dafür nicht bereit gewesen. Aber vielleicht gibt es verschiedene Ebenen der Selbstliebe, und man muss jede einzelne durchmachen, um zur nächsten zu gelangen. Als würdest du in einem Videospiel das nächste Level erreichst.

Also beschließe ich, mich nur um meiner selbst willen zu lieben. Nicht, um zu überleben. Nicht, um zu gesunden. Und nicht für sie.

Ich werde mich selbst lieben, weil ich meiner eigenen Liebe würdig bin.

LII

Silvester. Ich gehe spazieren. Es ist ein stürmischer Abend in San Francisco. Als sich der Spaziergang dem Ende zuneigt und ich um die Ecke zu meiner Wohnung biege, sehe ich ein älteres afroamerikanisches Paar, das einander fotografiert. Er trägt einen Parka. Sie hat einen schwarzen Glitzerrock an und sieht absolut stylish aus.

»Soll ich ein Foto von Ihnen machen?«, frage ich.

Sie lächelt breit. »Ja. Das wäre großartig.«

Sie reicht mir ihr Handy und schmiegt sich an ihn. Sie halten sich im Arm, wie es langjährige Liebespaare tun. Mit süßer Vertrautheit. Ich mache vier Fotos, und beim letzten sage ich: »Und jetzt mit Liebe.«

Er küsst sie. Sie strahlt. Ich gebe ihr das Handy zurück. Sie bedanken sich bei mir und wünschen mir ein glückliches neues Jahr. Ich wende mich zum Gehen, halte aber aus irgendeinem Grund inne.

»Ich mache gerade eine schwierige Trennung durch«, sage ich. Der Wind peitscht Silbersträhnen über meine Augen. »Und es ist … es ist einfach schön, Liebe zu sehen. Deshalb danke!«

Die Frau legt die Hand auf ihr Herz.

»Oh«, sagt sie gütig. »Wir werden für Sie beten.«

»Danke.« Ich nehme alle Hilfe, die ich kriegen kann.

Ich kehre in das dunkle Apartment zurück, gehe schnurstracks zu meinem Laptop, schalte ihn an und schreibe es auf.

LIII

Neujahr. Letztes Jahr um diese Zeit habe ich mich ganz konkret nach meinen Wünschen befragt und mir die Antworten aufgeschrieben. Im Rückblick sind viele davon in Erfüllung gegangen. Das ist die Macht, die darin liegt, zu entscheiden, was man will, und es deutlich zu benennen.

Langsam erinnere ich mich wieder daran, dass das Leben von innen nach außen entsteht. Wenn ich mich auf mein Inneres konzentriere, wird sich der Rest von selbst erledigen. Deshalb werde ich dieses Jahr etwas anderes machen. Statt Ziele zu formulieren, werde ich beschließen, wer ich sein will. Und das klar benennen.

Ich frage mich: *Wenn ich mich zutiefst und aufrichtig lieben würde, wer wäre ich?*

Die Antwort ist klar: Ich wäre exzellent.

Dann frage ich mich: Was ist dafür nötig?

Wieder eine klare Antwort: sich selbst fest und unerschütterlich zu lieben.

LIV

Probiere das kurz aus.

Erstens: Deine Gedanken und Gefühle bestimmen deinen inneren Zustand.

Zweitens: Dein innerer Zustand beeinflusst deinen äußeren Zustand.

Drittens: Dein äußerer Zustand beeinflusst dein Leben.

Wenn also erstens zu zweitens führt, führt das wiederum zu drittens: Deine Gedanken und Gefühle beeinflussen dein Leben unmittelbar.

Drehen wir die Uhr einmal zurück und sehen, wie das bei mir funktioniert hat. Nach der Kopfverletzung lebte ich mein Leben aus einer Position des Selbstschutzes heraus. Ohne jeden Antrieb. Ich ließ mich von den Ereignissen mitziehen, statt selbst derjenige zu sein, der ihnen passiert.

Wenn das mein innerer Zustand ist, wie sieht dann mein Leben aus?

Wenn ich schonungslos ehrlich sein soll – und das sollte ich, es ist ein Geschenk an mich selbst –, hatte ich mich seit der Verletzung machtlos gefühlt. Wie also hat das mein Leben beeinflusst? Samen wachsen dort, wo sie gesät werden.

Welche Lehre ziehen wir daraus?

Tut alles, um euch innerlich mächtig zu fühlen. Um zu spüren, dass ihr die Kontrolle habt. Um zu spüren, dass *ihr* den Dingen passiert. Beschließt, dass nur ihr allein für eure Gefühle, eure Emotionen und letztlich für euer Leben verantwortlich seid. Für jeden einzelnen Aspekt.

Egal, was passiert ist, es ist passiert, und damit hat es sich. Zeit, neue Samen zu säen.

LV

Wie also sät man neue Samen? Simpel. Fang mit dem Nährboden an: deinen Gedanken und Gefühlen. Wut, Schmerz, Eifersucht, jede Form von Angst – alles Dunkelheit. Selbstliebe – Licht. *Sei dir selbst im Klaren darüber*. Es gibt keinen Platz für den Mittelweg.

Wende dich sooft du kannst dem Licht zu. Zwinge dich dazu, es zu fühlen. Wieder und wieder. Ich habe es schon gemacht, lege aber noch eine Schippe drauf. Ich säe nicht nur Samen, sondern gebe ihnen auch die Nahrung, die sie brauchen.

Sich selbst zu lieben ist Macht. Aber es ist keine einmalige Sache. Genau wie Sport muss man es regelmäßig ausüben, vielleicht ein Leben lang. Na und? Wenn das die Lösung ist, ist es eine verdammt gute. Ich bin die Magie wert, die daraus resultieren wird.

LVI

Ich will meine Gesundheit wieder selbst fördern. Mein Freund, der mir diese Nachricht geschrieben hatte, stellt ein Programm für mich zusammen. Doch statt darauf zu warten, gehe ich zu Matt Cook, dem besten Spezialisten für regenerative Medizin im Land. Von allen Ärzten, bei denen ich im letzten Jahr war, ist er der einzige, der Ergebnisse erzielt hat.

Wir gehen die Untersuchungsergebnisse durch, die zeigen, dass ich seit meinem letzten Termin bei ihm Fortschritte gemacht habe. Aber was am wichtigsten ist: Meine mentale Einstellung ist proaktiv statt reaktiv. Das hilft bei der Genesung.

Während ich dort bin, plaudere ich mit Lisa, einer liebenswürdigen Krankenschwester, die hart arbeitet, damit sich alle Patienten wohlfühlen. Doch in ihrem Blick liegt Schmerz. Ihr Sohn ist vor ein paar Monaten an einer Überdosis Heroin gestorben.

Ich kann mir ihren Kummer nicht einmal vorstellen. Im Vergleich zu meinem Streichholz wäre er wie ein Waldbrand. Aber das erinnert mich auch an etwas: Jeder Mensch kennt Schmerz. Er kommt vielleicht in unterschiedlichen Formen und zu unterschiedlichen Zeiten. Aber er kommt. Er ist ein wesentlicher Teil der menschlichen Erfahrung.

Schmerz macht mich nicht einzigartig. Er macht mich menschlich. Und ganz gleich, was ich erlebe, ich bin nicht allein. Viele vor mir haben das durchgemacht. Wie der römische Dichter Terenz sagte: »Ich bin ein menschliches Wesen, daher ist mir nichts Menschliches fremd.«

Ich überrasche mich selbst, indem ich Lisa davon erzähle, was ich gerade durchmache, sogar von den Fantasien mit der Waffe meines Freundes. Sie schnappt schockiert nach Luft und zeigt mir ihren Arm: Gänsehaut.

»Das ist gegessen«, versichere ich ihr. »Diese Gedanken sind vorbei.«

Sie umarmt mich lang und fest.

Diese Gedanken haben mich erschreckt, als sie kamen. Ich hatte das Thema verarbeitet und dachte, es längst hinter mir gelassen zu haben. Aber vielleicht unterscheiden sich Selbstmordgedanken nicht von einer Sucht. Man kann sie hinter sich lassen, aber wenn man in einen Müllcontainer voller Drogen stolpert, wird die Versuchung wieder ihre hässliche Fratze zeigen.

Die Lösung liegt darin, neue Gedankenbahnen zu schaffen, die so kraftvoll sind, dass alte Muster, sollten sie wieder zum Vorschein kommen, geschwächt sind. Dann halten sie sich nicht lange. Und die neuen Bahnen sorgen dafür, dass du dir die verdammte Nadel eben nicht reinsteckst.

LVII

Ich verbringe Zeit mit Barb, Matts Praxisleiterin. Sie ist eine kluge Frau, die mehrfache Organtransplantationen auf sich nehmen musste und entgegen der Prognosen aller Ärzte ein aktives und gesundes Leben führt. Sie ist auch Qigong-Therapeutin und bietet mir eine Sitzung an. Ich nehme das Angebot an. Wer sich selbst liebt, nimmt angebotene Hilfe an.

Ich liege auf dem Massagetisch, während sie mich bearbeitet. Ich schließe die Augen und nicke ein. Irgendwo zwischen Schlafen und Wachen fühle ich mich, als sei ich gerade gestorben und kurz davor, vor Gott zu treten. Gott ist ein helles Licht in einem gewaltigen leeren Raum. Ich drifte näher zum Licht.

»Wie war das Leben?«, fragt Gott.

»Ganz gut«, sage ich. Und dann: »Danke.« Ich meine es ernst.

»Nicht gut genug«, befindet Gott.

Das Licht verwandelt sich in eine leuchtende Backsteinmauer, die bis in den Himmel ragt und mir den Weg versperrt.

»Geh und führe ein großartiges Leben«, sagt Gott.

LVIII

Es liegt im Wesen von Träumen, uns in die verzweigten Tiefen des Kaninchenbaus zu führen. Nach dem Teppichsalto-Tag hatte ich den allerersten Albtraum meines Lebens. Ein mir unbekannter Scharfrichter folterte mich, während Leute um mich herumstanden und zusahen. Ich wachte auf und stieß keuchend hervor: »Wie konnte das passieren?«

Hätte ich diese Geschichte für einen Roman erfunden, fände ich sie zu dramatisch.

Himmel, würde ich denken, während ich sie komplett streichen würde, *eindeutig zu klischeehaft*.

Aber unser Unterbewusstsein holt uns da ab, wo wir stehen.

Früher war ich stolz darauf, nie Albträume gehabt zu haben. So viel dazu. Es scheint, als käme für jeden einmal ein Punkt, an dem die Sicherung durchbrennt. Diese emotionale Krise ist meine.

Doch selbst dieses Netz ist aus goldenen Fäden gewebt. Ich habe sie geliebt. Ich habe sie wirklich geliebt.

Einmal habe ich zu ihr gesagt: »Ich liebe dich nicht nur heute. Ich liebe dich auch noch heute in dreißig Jahren.«

Ich habe sie geliebt. Davon war ich felsenfest überzeugt. Sei stolz darauf, ein Mann zu sein, der seine Frau so tief lieben kann.

Ich wache langsam auf und erzähle Barb, dass ich in meinem Traum gestorben bin.

»Dann ist das deine Wiedergeburt«, sagt sie.

Träume können einem zeigen, dass man abstürzt. Aber sie können einem auch zeigen, wenn man auf dem Weg nach oben ist.

LIX

Es ist Nacht. Ich sitze in dem verdunkelten Raum und sehe aus dem Fenster. Am anderen Ende der Bucht funkelt Oakland. In den meisten Nächten gleiten Containerschiffe vorbei, leuchtend wie Weihnachtsbäume. Heute Nacht regt sich nichts.

Ich lege die Hand auf mein Herz und sage leise zu mir: »Ich liebe dich. Ich liebe dich. Ich liebe dich.«

Natürlich spreche ich mit mir selbst, aber es gibt noch eine weitere Ebene. Das gegenwärtige Ich spricht zu einem jüngeren Ich.

Vor langer Zeit habe ich eine Übung gemacht, in deren Rahmen ich mir vorstellte, dass ich zurück zu dem Kind ginge, das belästigt wurde. In einer Version rettete ich es und riss dem Kerl den Kopf ab. Buchstäblich. In einer anderen ging ich zu dem Kind, das sich vor Scham versteckte, nahm es in die Arme und versprach ihm, dass ich es beschützen würde.

Ich dachte mir mehrere Versionen aus, aber in jeder davon war es der Mann, zu dem ich geworden bin, der zurückkam, um das Kind zu retten. Der im Wesentlichen zu ihm sagte: »Ich bin für dich da. Ich lasse nicht zu, dass dir jemand wehtut.«

Ich habe das auch mit anderen Episoden meiner Kindheit gemacht, mit anderen Erinnerungen. Solche Übungen helfen. Aber ich habe auch gelernt, dass sie keine einmaligen Gelegenheiten sind, mit denen alles behoben und vorbei ist. Dafür ist die Psyche einfach zu nuanciert.

Man muss alles verstärken, was einen gesunden lässt. Mach es zu einer stetigen Übung. Oder noch besser, setze alle Karten auf eine Übung, die alles abdeckt. Und das ist Liebe.

LX

Ich muss etwas tun, das ich immer wieder aufgeschoben habe. Aber das ist okay, weil ich im Überlebensmodus war. Wie ein Körper, der Blut aus den Gliedmaßen in die lebenswichtigen Organe verlagert. Aber um auf die nächste Ebene zu kommen, muss ich Folgendes tun: mir selbst vergeben.

Für alle Punkte, an denen ich versagt habe, für alles, was ich hätte besser machen können, für alle Fehler, die ich gemacht habe, und für alles, das ich mir übel nehme. Zeit, die Last fallen zu lassen, sie loszulassen.

Also tue ich das. Ich schnappe mir ein Notizbuch und schreibe alles, was kommt, Satz für Satz auf. Jeder Satz beginnt mit: »Ich vergebe mir dafür, dass …« Das mache ich so lange, bis nichts mehr übrig ist. Dann lese ich es mir mehrmals laut vor und spüre die Last dessen, was ich mit mir herumgetragen habe.

Als ich damit fertig bin, schnüre ich meine Stiefel zu und gehe zum Marina Green. Dort setze ich mich auf die Stufen, die hinab zum Wasser führen, und ergänze die Liste. Mich überrascht, wie viel mehr als das hochkommt, was ich mir in letzter Zeit vorhalte. Es stellt sich heraus, dass es noch eine tiefere Ebene gab. Doch um sie zu entdecken, musste ich erst das hier durchmachen.

Ich schließe mit diesen Sätzen: »Ich vergebe mir, weil ich mich selbst liebe. Ich vergebe mir, weil ich Liebe, Freude, Mitgefühl und ein großartiges Leben verdiene. Ich vergebe mir, weil das Leben mich liebt.«

Ich lese mir das ganze Ding laut vor, bis sich etwas in mir verändert und ich weiß, dass ich fertig bin. Dann reiße ich das Blatt heraus. Ich springe hinunter zu den Felsen, finde einen Stein, der mir auffällt, und binde den Zettel mithilfe einer Schlafmaske aus dem Flugzeug um ihn herum. Das Päckchen fühlt sich in meiner Hand schwer und massiv an.

Ich blicke auf die Bucht hinaus. Links die Golden Gate Bridge, rechts Alcatraz. Die berüchtigte Gefängnisinsel leuchtet in der untergehenden Sonne. Aber das größte Gefängnis, das je geschaffen wurde, wurde nicht aus Steinen und Zement erbaut. Sondern aus dem Verstand heraus.

Ich werfe das Päckchen hinaus ins Wasser, sehe zu, wie es hineinplumpst, und weg ist es. Einfach weg. Dann mache ich die zehn Atemzüge. Doch anders als sonst sage ich mit jedem Atemzug »Danke« und spüre, wie auf natürliche Weise Licht von oben in mich fließt. Etwas hat sich geändert. Statt zu versuchen, das Licht zum Eindringen zu bringen, empfange ich es.

Als ich weggehe, höre ich meine entschlossenen Schritte auf dem Gehsteig widerhallen.

LXI

Diese Übung werde ich in Zukunft noch viele Male machen müssen. Ein Mensch zu sein heißt, höchstwahrscheinlich nicht dem zu entsprechen, der ich sein könnte. Aber das ist in Ordnung. Je mehr ich mich selbst liebe, desto weniger Dreck werde ich anhäufen. Und desto weniger werde ich loslassen müssen.

Betrachte dich selbst als einen Spross, der die Erde durchbricht und wächst, dann verharrt. Dann weiterwächst und schließlich wieder verharrt. Das Muster wiederholt sich. Selbstliebe lässt dich wachsen. Indem du dir selbst vergibst, überwindest du die Stagnation. Man wächst und vervollkommnet sich, bewegt sich langsam näher zum Licht. Zum großartigsten Ich.

LXII

Vor dem Fitnessstudio rufe ich einen Freund in New York an. Wir haben uns das letzte Mal am Tag nach dem Teppichsalto gesprochen. Ich erzähle ihm davon, was ich seither getrieben habe, von der obsessiven Konzentration darauf, mich selbst zu lieben.

»Das ist verrückt«, sagt er. »Du kommst mir so anders vor. Wie lange ist das jetzt her?«

Ich muss scharf nachdenken. Scheint eine Ewigkeit her zu sein. »Etwa drei Wochen.«

»Deine Stimme klingt anders«, sagt er. »Als wärst du echt standfest.«

»Das ist merkwürdig«, sage ich. »Kraft, Macht und Stärke sind Worte, auf die ich mich in letzter Zeit fokussiert habe.«

»Wenn ich so mit dir spreche«, sagt er, »scheinst du das regelrecht auszustrahlen.«

So weit würde ich nicht gehen, aber es ist ein schöner Gedanke.

»Es ist immer noch schwer, Mann. Ich gehe es Tag für Tag an.«

»Hmm«, sagt er und schweigt einen Moment. »Was hättest du getan, wenn du schon so gewesen wärst, als sie diese Nummer mit dir abgezogen hat?«

Ich muss nicht mal drüber nachdenken.

»Ich hätte ihr gesagt, dass ich etwas Besseres verdiene und dass wir zusammen eine Lösung finden sollten. Weil wir uns immer noch lieben. Dass wir das unserer Liebe schulden. Aber wenn sie nicht gewollt hätte, hätte ich sie gehen lassen. Mit Liebe, denn ich bin ein fantastischer Mann, und ihre Wahl ist ihre Sache. Nicht meine.«

Jetzt bin ich derjenige, der schweigt.

»Und ich hätte bestimmt nicht zugelassen, dass diese Sache Unsicherheiten in mir erzeugt oder auslöst. Ich hätte mich darauf konzentriert, wer ich bin, und hätte danach gehandelt.«

»Du machst einen gefestigten Eindruck auf mich«, sagt er.

»Ich fühle mich, als hätte mich jemand mit einer Ohrfeige geweckt«, erkläre ich ihm. »Als wäre der ganze Dreck raus aus meinem Körper. Meine Kopfschmerzen sind weg. Ich kümmere mich um meine Gesundheit und gesunde schnell. Ich spüre es in meinem Körper.«

»Das ist Selbstliebe«, sagt er.

Ich lege auf und beobachte den vorbeifahrenden Verkehr. Ja, ich liebe mich selbst. Ja, ich fange an, meine Stärke zu spüren. Und das alles fühlt sich gut an. Aber darin schwingt Traurigkeit mit. Mir fehlt, wie sie sich an mich geschmiegt hat, wenn ich sie in den Armen hielt. Ich vermisse diese schlichten Momente, in denen ich sie liebte. Und sie mich.

Ich lasse das Vermissen über mich ergehen. Gefühle zuzulassen ist auch Selbstliebe. Dann betrete ich das Fitnessstudio und gebe beim Gewichtheben alles.

LXIII

Ich wache mit dem folgenden Gedanken auf: *Ich frage mich, was ich heute Gutes erleben werde.*

Er kommt wie aus dem Nichts. Nur ein vorsichtiges Erkennen, dass das Leben Gutes für mich bereithält.

LXIV

Was die ganze Sache schwerer gemacht hat, war, dass ich es nicht habe kommen sehen.

Vielleicht hat sie es mir gesagt, und ich habe nicht zugehört. Oder ihr ist einfach eine Sicherung durchgebrannt. Vielleicht kam es auch wirklich aus dem Nichts. Was es auch war, es ist aus und vorbei, und hier stehe ich nun, an einem neuen Morgen, und blicke durchs Fenster auf die Bucht hinaus.

Graue Wolken jagen dahin, das Wasser schimmert fast bläulich grün. Die Masten vertäuter Segelboote schaukeln heftig im Wind. Ich denke wieder an den Tod, die größte Zäsur. Eine, die viele niemals kommen sehen. Und doch ist er da, deutlich zu erkennen, steht vor mir und wartet auf meinen nächsten Atemzug.

Vielleicht ist der Tod das größte Geschenk, das ich im Leben habe. Immer, wenn ich einen Schritt nach vorn trete, tritt er einen zurück. Ich weiß nie, welcher der letzte sein wird. Und trotzdem lebe ich, als hätte ich noch Meilen zu gehen, obwohl ich in Wahrheit vielleicht nur noch Zentimeter habe.

Ich muss nicht immer wieder neu mit einer Ohrfeige geweckt werden. Ich muss nur dem Tod in seine Augenhöhlen sehen und entschlossen einen Schritt vortreten, in dem Wissen, dass der nächste nicht garantiert ist.

Wenn ich so lebe, habe ich keine andere Wahl, als mein großartigstes Ich zu sein.

LXV

Ich liege auf dem Sofa und höre Wayne Dyer auf YouTube zu. Er war ein Freund von Cheryl und ist auf Konferenzen oft gemeinsam mit ihr als Hauptredner aufgetreten.

»Wenn Sie Ihre Gedanken verkörpern«, sagt er, »dann müssen Sie aufpassen, woran Sie denken.«

Mir gefällt seine feste Überzeugung, im Besitz der Wahrheit zu sein. Man hört ihm an, dass er es ernst meint.

»Wenn Sie Gutes in Ihr Leben locken wollen, aber permanent darüber sprechen, was Ihnen fehlt, und ständig daran denken, was Ihnen fehlt, bauen Sie das, was Ihnen fehlt, nur noch aus.«

Jetzt hat er meine volle Aufmerksamkeit.

»Ich spreche nie darüber, was in meinem Leben fehlt. Ich richte meine Aufmerksamkeit nur auf das, was ich neu schaffen will.«

Ich setze mich wie elektrisiert auf. Soeben hat er mir die nächste Ebene erschlossen.

»Ganz gleich, was Sie in Ihr Leben locken wollen, sagen Sie sich: ›Es ist auf dem Weg.‹ Fünf Worte. Lassen Sie sie sich auf die Innenseiten Ihrer Augenlider tätowieren.«

Dann sagt er etwas, in das ich mich schockverliebe.

»Warum haben wir alle gelernt, ›bei meinem Glück‹ zu sagen, weil wir glauben, dass etwas sowieso nicht klappen wird? Sollte man sich nicht angewöhnen zu sagen: ›Bei meinem Glück kommt es bestimmt schneller als normal?‹«

»Dann passiert nämlich Folgendes: Während man beginnt, seine Denkweise zu ändern, kann man nur seinen Gedanken entsprechend handeln. Und wenn man anfängt, den Gedanken entsprechend zu handeln, wird man nach und nach zum Kollaborateur seines Schicksals.«

Er hat soeben auf den Punkt gebracht, was ich in letzter Zeit gespürt habe: dass das Leben im besten Sinne für mich arbeitet. Der zweite Punkt, von dem mir Tabreez erzählt hatte.

Als das Video zu Ende ist, habe ich, obwohl Wayne schon seit Jahren tot ist, das Gefühl, dass er mich direkt angesprochen hat: das ist das Schöne am Zeitalter der Moderne. Die Lebenserfahrung und die Pläne anderer sind uns zugänglich. Ob wir auch danach leben, ist unsere Entscheidung.

LXVI

Ich bin im Bad und mache mich bettfertig. Ich sehe mich im Spiegel an und beuge mich weit vor. Intensive Liebe steigt in mir auf. *Wow*, denke ich, während ich mir in die Augen sehe. *Wow. Sie sind so wunderschön. Genau wie der Mann, der durch sie blickt. Wie konnte ich das vergessen?*

Die Liebe zu mir selbst fließt. Ich muss mich nicht abmühen und nichts wiederholen. Sie fließt einfach.

LXVII

Und als hätte mein Gehirn einen grandiosen Sinn für Humor, breche ich am nächsten Tag zusammen. Das Vermissen peitscht durch mich hindurch. Ich laufe durch die Gegend und kann mich nur mit Mühe zusammenreißen. Die zehn Atemzüge fallen mir so schwer, als würde ich Felsbrocken bergauf rollen. Aber ich schaffe es, mich zu fragen: *Was würde The Rock tun?*

Er würde sich beim Training auspowern. Also mache ich das. Wenigstens gebe ich gut acht auf meinen Körper. Danke, Mr. Rock.

Ich gehe in mein Apartment zurück und meditiere. Am Schluss, als die Musik zum Ende kommt, sagt eine Stimme tief in mir: *Du wirst super aus der Sache herauskommen.* Der Gedanke fühlt sich wahr an. Ich entspanne mich innerlich.

Wenn ich schlau wäre, würde ich diese Stimmung auskosten. Sie so lange festhalten, wie ich kann. Die zehn

Atemzüge wiederholen. Stattdessen rufe ich sie an und hinterlasse ihr eine Nachricht.

»Heute war ein schwerer Tag«, sage ich, »deshalb musste ich mich einfach bei dir melden.«

Meine Stimme bricht.

»Ich wünschte nur ... ich gäbe alles dafür, wenn ich nach Hause kommen könnte – in unser Zuhause – und du wärst da und ich würde meinen Kopf an dein Herz legen. Zu Hause.«

Ich hatte immer mit dem Ohr an ihrer Brust ihrem Herzschlag gelauscht. Für mich war das Zuhause. Jetzt fühlt es sich an, als sei es mir entrissen worden.

»Dein Herz«, sage ich. »Mein Zuhause.«

Ich schluchze. Es ist nicht schön.

»Ein schwacher Moment«, sage ich. »Ein schwacher Moment.«

Danach stehe ich lange da. Eigentlich hatte ich vor, mich mit einem Freund zu treffen, aber etwas in mir sagt: *Nein, bleib bei dir. Spüre es. Der heutige Abend ist zu wichtig.*

Also bleibe ich zu Hause, statt mich abzulenken. Ich tigere durch die Wohnung, schaue aus den Fenstern, ich mache die zehn Atemzüge. Keine Felsblöcke mehr, aber immer noch Felsen. Ich habe dieses Leiden satt. Ich bin damit fertig.

Und dann weiß ich, was ich tun muss.

LXVIII

Ich schnappe mir ein Notizbuch, lege es quer und schreibe fest auf das Papier:

Ich schwöre, mich mit jeder Faser meines Herzens selbst zu lieben, in all meinen Gedanken, all meinen Taten, allen Worten – weil ich einer tiefen und bedingungslosen Liebe würdig bin.

Ich schreibe das Datum darunter. Dann lese ich es mir zehnmal laut vor. Beim fünften Mal fängt etwas in mir an, sich zu verändern. Ich meißele diese Worte in mein Gehirn.

Das werde ich mir jetzt jeden Morgen laut vorlesen und es dann leben. Und wenn ich im Laufe des Tages strauchele, werde ich es mir mit großer Intensität wieder vorlesen. Weil dieser Schwur das verdient hat. Weil ich das verdient habe.

LXIX

Schmerz ist wie ein Katapult, er schießt mich ab. Welche Richtung ich nehme, ist meine Entscheidung. Aber wie ein Geschoss werde auch ich an Energie verlieren und langsamer werden. Schmerz liefert nur für eine gewisse Strecke Treibstoff.

Ich brauche etwas, das mich mitzieht, nicht antreibt. Und solange ich gebe, was ich kann, wird es in gleicher Weise zurückkommen. Das ist ein Schwur.

Sich etwas zu schwören ist ein reiner und heiliger Akt. Während ich auf meinen Schwur herabblicke, der Stift liegt noch quer auf dem Papier, habe ich das Gefühl, als hätte das Universum gerade eine Delle abbekommen. Das ist Macht.

LXX

Weniger als eine halbe Stunde nachdem ich meinen Schwur verkündet habe, ruft sie mich an. Auf beiden Seiten wird viel von Liebe gesprochen. Ich weine. Aber geändert hat sich nichts. Sie hat ihren Standpunkt, und ich habe meinen.

Nach dem Gespräch starre ich auf meinen Schwur. Irgendetwas wurmt mich.

Sie hat zu mir gesagt: »Ich glaube, du liebst mich mehr, als ich dich liebe.«

Diese Aussage klingt mir in den Ohren, bis ich von mir selbst angewidert bin. Ich muss mich selbst an erste Stelle setzen. Der Schwur wird dafür sorgen.

Ich dusche lange und kalt. Als ich ins Wohnzimmer zurückkomme, sehe ich durch die Fenster in die Dunkelheit. Dann gehe ich auf die Knie. Ich bin kein Typ, der betet, aber hier bin ich nun.

»Gott, Leben oder alles, was größer ist als ich«, sage ich. »Ich muss diese Sache auf eure Schultern legen.«

Ich halte inne und höre tief in mich hinein. Was in mir aufsteigt, überrascht mich ein wenig, aber das Herz folgt seinen eigenen Regeln.

»Mein Wunsch ist, dass sie und ich zusammen sind, voller Freude. Und dass wir gemeinsam ein wunderschönes Leben haben. Das wünsche ich mir. Und ich überantworte es euch.«

Also tue ich das. Eine Last wird mir von den Schultern genommen. Ganz gleich, was daraus folgt, ich bin zufrieden damit. Von diesem Moment an konzentriere ich mich nur noch auf eins: meinen Schwur einzuhalten.

LXXI

Letztes Jahr wurde eine Firma, für die ich als Berater tätig war, verkauft. Ich hatte den Gründern dazu geraten, noch damit zu warten. An der Börse nahm das Unternehmen endlich Fahrt auf, und ihr Umsatz stieg Monat für Monat. Wenn sie einfach so weitermachten, würden sie die Firma ihres Lebens aufbauen. Schlimmstenfalls könnten sie sie für erheblich mehr verkaufen als das aktuelle Lowball-Angebot hergab.

Aber sie verkauften. Monate später rief mich der CEO an und sagte, dass ich recht gehabt hatte. Zu verkaufen und das Geld einzusacken schadet nichts, alle Seiten profitieren, aber es zeigt den Unterschied zwischen gut und großartig.

Gut zahlt sich aus, wenn alles ganz ordentlich läuft. Großartig ist geduldig und diszipliniert. Es begnügt sich nicht mit dem Mittelmaß und prescht weiter. Unternehmertum kennt viele solcher Beispiele – Menschen, die bei null anfangen und gewaltige Firmen aufbauen. Sie haben alle etwas gemeinsam: Sie sind Gründer mit einer Vision.

Heute Morgen, während ich meinen Schwur laut lese, wird mir klar, dass ein Schwur auch eine Vision ist. Bei einem Schwur gibt es keine Kompromisse, man kniet sich voll rein. Und wenn man hinfällt, gibt er einem etwas, wofür man wieder aufsteht. Man steht auf, klopft sich den Staub ab und kehrt zu ihm zurück. Dein Schwur führt dich zu Größe.

LXXII

Überantworten heißt nicht aufgeben. Ich übergebe nur die Bürde meiner Wünsche an etwas, das größer ist als ich. Und bemerkenswerterweise erledigt schon diese Handlung selbst diese Bedürftigkeit in mir.

Ein Schmetterling schlägt im Regenwald mit den Flügeln, was auf der anderen Halbkugel einen Tsunami auslöst. Das Leben ist so viel umfassender, als mein Verstand begreifen kann. Ich muss darauf vertrauen. Es wird auf eine Art und Weise für mich sorgen, die großartiger ist, als ich es mir je hätte vorstellen können.

LXXIII

Ich spaziere dorthin, wo ich die Vergebungsübung gemacht habe. Heute Abend ist es bewölkt, der Parkplatz noch feucht vom Regen am Nachmittag, und die Sonne ist schon untergegangen. Ich mache meine Sprints. In meiner Ruhezeit wiederhole ich reihenweise die Selbstliebe-Atemzüge.

Als ich damit fertig bin, setze ich mich auf die Flutmauer und höre zu, wie die Wellen gegen die Felsen krachen. Keine Spur von all dem, was ich erst vor wenigen Tagen losgelassen habe. Das Leben hat es mir abgenommen. Ich denke an andere Dinge, die ich mir anlaste, öffne meine Fäuste und spüre, wie diese Selbstvorwürfe herausfallen. Alles so simpel.

Der Abend wird dunkler. Jogger mit Blinklichtern laufen vorbei. Wenn ich an meine Freundin denke und das Vermissen in mir aufsteigt, öffne ich meine Fäuste wieder, weit, und übergebe es an etwas, das größer ist als ich. So viel besser als das nutzlose Geschwätz in meinem Kopf.

Ich denke an Wayne Dyers Spruch, lache und sage zu mir selbst: *Bei meinem Glück wird Magie schneller kommen, als ich es mir vorgestellt habe.* Der Gedanke fühlt sich gut an. Echt.

Und warum auch nicht? Was ich glaube, ist der Filter, durch den das Leben schimmert. Es liegt ganz an mir, einen zu wählen, der mich innerlich zum Lächeln bringt.

LXXIV

Ein Freund schickt mir eine Nachricht. Er ist ausgewandert und lebt auf Bali.

»Meine Freundin geht zu einer Theta-Heilerin Schrägstrich Therapeutin«, sagt er. »Sie sagt, sie ist fantastisch. Ich würde dir gern eine Sitzung schenken.«

Ich habe keine Ahnung, was eine Theta-Dingsbums ist, aber es ist mir egal. Wenn das Leben dir ein Geschenk macht, nimmst du es an.

»Es ist ein bisschen abgefahren«, sagt er. »Ist das für dich okay?«

Ich habe lange genug in Nordkalifornien gelebt. Her mit dem Eso-Kram.

Ehe ich mich versehe, bin ich mitten in einer Skype-Sitzung mit Erika, einer blonden Schwedin in der balinesischen Kleinstadt Ubud. Sie wirkt sehr zentriert, herzlich und einfühlsam. Es ist, als würde sie strahlen.

Okay, schlimmstenfalls quatsche ich mit einer netten Frau, die mir ihr inneres Leuchten schenkt.

Sie geht ihre Methode Schritt für Schritt mit mir durch, stellt mir eine Reihe von Fragen über meine Überzeugungen, und plötzlich kommt etwas hoch.

»Sie verlassen mich immer«, höre ich mich sagen. »Immer, wenn ich eine Frau zutiefst liebe, verlässt sie mich.«

Ich kann nicht glauben, was aus mir herausbricht, aber es passt. Das war mein Muster, solange ich mich zurückerinnere.

»Und sie«, sage ich. »Ich habe sie geliebt. Es war in jeder Hinsicht echt. Und sie hat mich geliebt. Ich hätte alles darauf verwettet, dass das nicht passiert.«

Ich erzähle Erika von der Zeit in meiner Kindheit, als meine Mutter fortging. Die Prügel meines Vaters waren schlimmer geworden, und sie verkraftete es nicht mehr. Ich schildere, wie es sich angefühlt hatte, sie nicht berühren zu dürfen. Dabei dachte ich, das hätte ich schon alles verarbeitet.

Außerdem kam meine Mutter ja zurück.

Warum also dieses Muster?

Erika lenkt mich durch andere Stationen meines Lebens. Mein Vater, der Kerl, der mich belästigt hat, frühe Beziehungen und wie all das diesen Glaubenssatz in mir immer fester gezurrt hat.

Ich könnte kotzen. Wenn das mein Filter ist, ist es dann noch überraschend, wie mein Leben verlaufen ist?

»Ich habe das so satt«, sage ich.

»Gut«, sagt sie lächelnd. »Es ist Zeit, es loszulassen.«

Sie macht ihre Theta-Arbeit, und wisst ihr was: Ich spüre dabei tatsächlich, wie ich es loslasse. Es löst sich einfach in Luft auf. Danach arbeiten wir an einem neuen Glaubenssatz. Ich denke gründlich über meine Liste nach und entscheide mich für folgenden: Ich bin ein großartiger Mann, und die Frau, die ich liebe, liebt mich zutiefst, bleibt bei mir, und wir haben ein fantastisches Leben zusammen.

Dann spreche ich über sie. Nach all dem, nach all dem Loslassen liebe ich sie immer noch.

»Sie hat gesagt, sie macht gerade eine schwierige Phase durch«, sage ich. »Dass es dabei nicht um mich geht.«

Erika schließt die Augen und schweigt lange.

»Dann glauben Sie ihr«, sagt sie schließlich.

Vorher schien mir das unmöglich. Meine Unsicherheiten hatten das Sagen. Aber meine Selbstliebe hat sie geschwächt.

»Okay.« Ich nicke. »Und ich liebe sie so oder so. Ich kann meine Gefühle nicht mit Gewalt ändern.«

Ein paar Tage später schickt mir mein Freund eine Nachricht: »Meine Freundin hat im Supermarkt zufällig Erika getroffen, und Erika hat gesagt, du hast sie inspiriert.«

Ich lasse das auf mich wirken und glaube es. Das alte Ich, das Komplimente heruntergespielt hat, ist fort. Ich nehme die Geschenke an, die mir das Leben bietet. Dann hole ich meine Liste hervor und füge hinzu: Ich inspiriere Heilerinnen.

LXXV

Es ist Nacht. Ich liege zusammengerollt auf dem Sofa und sehe dem von den Straßenlaternen beleuchteten strömenden Regen zu. Ein Containerschiff gleitet durch die Bucht, fährt unter der Brücke hindurch und steuert in den offenen Pazifik.

Seit fast einem Monat habe ich weder ferngesehen noch Nachrichten gelesen oder mir reingezogen, was in den sozialen Medien abgeht. Ich hätte mich in allen möglichen Ablenkungen verlieren können. Doch stattdessen habe ich mich den Problemen gestellt und an meinem Körper und meinem Geist gearbeitet. Ich habe beim Schreiben alles gegeben, um aus dieser Erfahrung heraus etwas Besonderes zu schaffen.

Der Mann, der aus der Erfahrung hinaustritt, wird ein viel besserer sein als der, der in sie eintrat.

Das ist Selbstliebe.

LXXVI

Wieder ein schwieriger Tag. Das Vermissen fühlt sich an wie ein gähnendes Loch in meiner Brust. Ich fahre mit einem Uber-Taxi zur Nachbehandlung bei Matt. Der Fahrer weicht meinem Blick aus, und ich bemerke, dass er im Gesicht und an den Händen Brandmale hat.

Die einstündige Fahrt gibt mir Zeit, mich in Gedanken zu verlieren. Ich mache die zehn Atemzüge, bin aber eher im Überlebensmodus. Als der Wagen sich über den Highway 280 schlängelt, betrachte ich die Hände des Fahrers auf dem Lenkrad.

Jeder hat Narben. Ob nun äußerlich oder innerlich, sie sind da. Mich auf meine zu konzentrieren hält mich in der Dunkelheit gefangen. Es vernetzt alte Muster neu. Mir fällt Wayne Dyer ein, der nur an das dachte, was er neu erschaffen wollte. Das ist Konzentration aufs Licht.

In Matts Praxis nimmt Lisa mir Blut ab. Als sie damit fertig ist, legt sie mir die Hand auf die Schulter und drückt sie fest. Nach ihrem Lächeln zu urteilen muss sie gespürt haben, dass ich es brauchte.

Das Leben schenkt mir immer Liebe. Und ich nehme sie an.

LXXVII

Seien wir ehrlich. Ich habe es lange schleifen lassen. Nur meditiert, wenn es mir passte oder wenn ich dafür Zeit fand. Wann habe ich mich vor dem Teppichsalto das letzte Mal konsequent selbst geliebt?

Das Leben lief gut, bis ich ermüdete, und dann hatte ich die Verletzung und konzentrierte mich auf das, was mit mir nicht stimmte, statt auf das, was funktionierte. Was habe ich da anderes erwartet? Der Geist ist formbar, genau wie der Körper. Wer ein Jahr lang nicht trainiert und nur Doughnuts isst, wird schon sehen, was dabei rauskommt.

Ich habe mich mit »ganz ordentlich« abspeisen lassen, als ich zu »großartig« hätte weitergehen sollen. Dafür muss ich die Verantwortung übernehmen. Und ob es mir gefällt oder nicht, ich bin wachgerüttelt worden. Ich muss das umsetzen. Es wird wieder schwere Tage geben, und ich kann nicht zulassen, dass sie mich zurückwerfen.

Den Schwur habe ich ja schon abgelegt. Ich weiß auch schon, wie ich ihn umsetze. Der nächste Schritt ist, eine Reihe von Ritualen zu schaffen, die mich dazu bringen, sie auch regelmäßig durchzuführen. Wie beim Zähneputzen. Damit ich immer vorwärtsgehen kann, selbst wenn es stürmt.

LXXVIII

Betrachte den Geist eines Menschen und du kannst aus der Vogelperspektive auf sein Schicksal blicken. Alles geht vom Inneren aus. Deshalb ist es entscheidend, Denkgewohnheiten zu schaffen.

Ich schreibe mir auf, was ich jeden Tag tun werde, um meinen Schwur einzuhalten. Beim Aufwachen zehn Atemzüge. Dann Kaffee, mir den Schwur laut vorlesen, meditieren. Unter der Dusche zehn Atemzüge. Immer wenn ich zu Fuß gehe oder untätig bin: zehn Atemzüge. Im Fitnessstudio, beim Ausruhen zwischen den Sets: zehn Atemzüge. Bevor ich mich ins Bett lege, schaue ich mir im Spiegel in die Augen und sage »Ich liebe mich selbst«, bis sich etwas in mir verändert. Im Bett, beim Einschlafen: zehn Atemzüge.

Viel zu merken? Eigentlich nicht. Es gibt ein festes Muster. Nach dem Aufwachen und vor dem Einschlafen investiere ich mehr Zeit darin. Und tagsüber, wann immer meine Gedanken abdriften: zehn Atemzüge. Simpel.

Das ist meine Markierung im Sand. Das absolute Minimum, um meinen Schwur einzuhalten. Damit ich auch an schweren Tagen weiterhin die Rinnen vertiefe. Weil ich es mir wert bin.

LXXIX

Ich habe einmal ein Buch gelesen, in dem der Autor erwähnte, dass er durch den Einsatz von Affirmationen alles bekommen hatte, was er sich wünschte. Jeden Tag schrieb er fünfzehn Mal auf: *Ich, Name, werde …*, und legte dann fest, was er sich wünschte. Er war ein extrem kopfgesteuerter Typ, probierte es nur aus Neugier aus, und als es funktionierte, wandte er es an.

Es war keine Verkaufsmasche. Das Buch handelte von etwas anderem, er erwähnte es eher nebenbei. Im Grunde war es ihm peinlich, und er schrieb es … nun ja, weil man das tun sollte, wenn man hinter eine Wahrheit kommt.

Er versuchte, es rational zu erklären, mit dem Argument, dass Affirmationen den Geist auf das konzentrieren, worauf man achtgeben soll. Eine plausible Erklärung. Aber er sagte auch, dass er sie für viele Dinge einsetzte, die außerhalb seiner Kontrolle lagen, und die trotzdem eintrafen.

Ich traf mich mit ihm und befragte ihn beim Dinner mit Drinks. »Das stimmt alles«, sagte er. Im persönlichen Gespräch gab er keine rationale Erklärung dafür ab. Er war überzeugt, dass die Affirmationen irgendein Realitätsgefüge anzapften, das sich nicht erklären ließ.

Plausibel. Wir können unser Leben bis zum Abwinken erklären, aber zuinnerst sehnen wir uns nach etwas Größerem. Um mit ihm zu fließen. Und wenn wir einen Weg finden, das zu tun, selbst wenn wir ihn aus Angst vor Spott nicht an andere weitergeben, beruhigt es uns. Unter schwerem Bombardement gibt es in Schützenlöchern keine Atheisten.

Dann ist all dieses Wiederholen, dass ich mich selbst liebe, nur eine Affirmation? Vielleicht. Ist es eine Neuvernetzung neuronaler Pfade in meinem Gehirn? Immerhin ist hinlänglich bekannt, dass Neuronen, die zusammen feuern, sich auch miteinander vernetzen. Je mehr man sie feuern und sich vernetzen lässt, umso stärker wird der neuronale Pfad und umso mehr feuern sie aus eigener Kraft. Plausible Erklärung.

Aber erklärt das die Veränderungen, die sich in meinem Leben zutragen? Die Chancen, die sich ergeben, Dinge, von denen ich nicht wusste, wie ich sie verwirklichen sollte, die auf natürliche Weise ganz von selbst passieren? Vielleicht. Ich könnte mir jedes Ereignis einzeln vornehmen, aufschlüsseln und bis zum Abwinken verstandesmäßig erklären.

Aber was bringt mir das? Meine Überzeugung ist die Lupe, durch die das Leben hindurchscheint.

Alle Denkweisen und Überzeugungen der Menschheit stehen mir zur Verfügung. Ich muss nur auswählen, was mich anspricht, und alles daransetzen. Das Leben belohnt mich, wenn ich Stellung beziehe, wenn ich sage: »Daran glaube ich, und ich werde es voll ausleben.«

Nicht, wenn ich die Dinge schleifen lasse. Diese Wahrheit habe ich gelernt.

LXXX

Ich gehe ins Fitnessstudio. Ich bin in Form wie seit Jahren nicht. Meine Ernährung ist ausgewogen, keine Laster. Immer, wenn ich versucht bin, zu schummeln oder nachzulassen, frage ich mich: *Wenn ich mich selbst lieben würde, was würde ich tun?* Die Antwort ist klar, und ich lebe nach ihr.

Jedes Mal, wenn ich die Antwort umsetze, verstärke ich den neuronalen Pfad, liebevolle Entscheidungen für mich zu treffen. Das habe ich früher schon getan, bin aber jetzt auf einer ganz anderen Ebene. Das passiert, wenn man alles tut, um seinen Schwur einzuhalten.

Wenn du deinen Geist einmal beim Denken beobachtest, wirst du feststellen, dass er immer Fragen beantwortet. Angst ist die Antwort darauf, wenn etwas schiefgehen könnte. Schmerz ist die Antwort auf einen Verlust. Du wirst schnell erkennen, dass das Gehirn sich normalerweise für das Negative entscheidet, nicht für das Licht.

Deshalb musst du dir ganz bewusst ermächtigende Fragen stellen. Fragen, die zur Folge haben, dass du liebevolle Entscheidungen für dich triffst. Wenn du das eine Weile tust, wirst du sie dir weniger oft stellen müssen. Die Antworten umzusetzen wird dann zur Gewohnheit.

LXXXI

Vor Jahren hat mir eine Freundin beim Abendessen erzählt, dass sie tot war und zurückgeholt wurde. Acht Minuten lang klinisch tot, so richtig. Ich musste einfach nachfragen.

»Ist irgendwas passiert … während du, du weißt schon …?«

Sie schüttelte den Kopf. Sie erinnerte sich an nichts. Dann sah sie sich verstohlen um, legte ihre Gabel weg und flüsterte: »Was ist, wenn das hier der Himmel ist?«

Sie lehnte sich zurück und ließ mich nicht aus den Augen.

»Ich war immerhin tot«, sagte sie. »Woher weiß ich, dass das hier nicht die andere Seite ist?«

Es war einer der Momente, in denen die Zeit stillsteht. Ich fühlte mich wie vor den Kopf geschlagen. Eine Weile sprach keiner von uns.

»Deshalb lebe ich jetzt so«, sagte sie schließlich, »als sei das hier der Himmel.«

Eine verdammt gute Überzeugung.

LXXXII

Ich schaue in Matts Praxis vorbei. Er ist verreist, aber ich bekomme eine Infusion mit Vitaminen und allen möglichen guten Sachen verabreicht. Warum? Selbstfürsorge heißt, sich selbst zu lieben.

Lisa kommt herein, um mir die Infusion zu legen.

»Ach, diese Blumen sind so schön«, sagt sie und betrachtet den Strauß am Fenster.

Sie schüttelt ein Wärmekissen auf, legt es unter meine Arme und schiebt behutsam die Nadel in meinen Handrücken.

Sie erzählt mir, dass sie heute Morgen ihren Zumba-Kurs besucht hat, was ihr schon den ganzen Tag ein gutes Gefühl gibt.

Dann werden ihre Züge weich. Ihr Sohn hat früher in dem gleichen Fitnessstudio trainiert. Manchmal konnte sie ihn durch die Glaswand beobachten, wenn sie Kurse hatte.

»Alle sagen mir, dass ich es herunterfahren soll«, sagt sie. »Ich habe überall Fotos von ihm, auf meinem Handy. Aber das will ich nicht. Er ist ein Teil von mir.«

Sie klemmt den Schlauch an die Nadel, lässt die Flüssigkeit hindurchlaufen und umwickelt meine Hand mit einem roten Verband. Als sie damit fertig ist, seufzt sie.

»Aber vermutlich sollte ich ...«

Würde sie sagen, dass das hier der Himmel ist? Ich frage nicht nach.

Hier ist sie, genießt trotz allem die schönen Momente des Tages, lächelt ihre Patienten an, umsorgt sie auf ihre sanfte und liebevolle Art. Erschafft mit ihrer Ausstrahlung ein Stück Himmel auf Erden.

»Diese Woche habe ich mir fast ein Tattoo stechen lassen«, sagt sie. »Ich hab gekniffen, aber ich werde es machen. Was glauben Sie: seinen Namen auf mein Handgelenk oder einen Vogel?«

»Einen Vogel«, sage ich. »Ein Symbol ist besser.«

Ich erzähle ihr von meinem Lieblingssymbol, der Lotosblume. Die sich durch Schmutz und Schlamm erhebt, sich dem Licht öffnet.

Sie lächelt. »Es wird ein Symbol.«

Sie sammelt die Utensilien ein und geht. Ich denke wieder an mein Symbol. Eine Lotosblume zwingt sich nicht, sich zu öffnen, um das Licht zu empfangen, es ist andersherum. Das Licht öffnet sie.

Bei all der Arbeit, die ich in meine Selbstliebe investiere, muss es noch eine höhere Ebene geben. Auf der es keine Anstrengung gibt, ich nicht gegen Widerstände kämpfen muss. Wo ich mir einfach erlauben kann, die Liebe zu empfangen, die schon die ganze Zeit mir gehörte.

LXXXIII

Also mache ich das. Abends im Bett wiederhole ich die zehn Atemzüge, bis ich einschlafe. Doch diesmal ist nichts erzwungen. Ich atme tiefer, langsamer, spüre die Liebe hereinfließen. Kein Widerstand, ich empfange nur, was mir gehört.

Ich wache lächelnd auf. Dann wende ich mich sofort den zehn Atemzügen zu. Empfange meine Liebe, empfange das Licht.

LXXXIV

Warum die Zehn-Atemzüge-Übung? Weil man sie sich leicht merken kann. Sie ist groß genug, um jedes Mal eine kleine Veränderung zu bewirken. Und klein genug, um jede Ausrede zu umgehen.

Und was am wichtigsten ist: Sie hält dich konstant bei der Verpflichtung, dich selbst zu lieben. Aber das heißt nicht, dass du am Tag ein paarmal die zehn Atemzüge machst und alles ist erledigt. Es ist das absolute Minimum. Je mehr du von dir gibst, desto mehr empfängst du auch.

Mach die Übung in einem Zeitraum von zehn Minuten durchgehend. Ersetze durch sie etwas, das zwar deine Zeit ausgefüllt, aber nicht zu deinem Wohlergehen beigetragen hätte. Es ist dein Heilungsprozess. Es ist dein Leben. Schenk dir die Aufmerksamkeit, die du verdienst.

LXXXV

Der Abend ist perfekt dafür, die Atemübung auf zehn Minuten auszuweiten. Ich liege im Bett und lasse den Tag ausklingen, das macht es leichter, Schichten aus Liebe in mein Unterbewusstsein zu legen. Ich stelle mir einen Timer. Dann weite ich bei jedem Einatmen meine Brust und erlaube Liebe und Licht, in mich zu strömen. Wenn ich ausatme, lasse ich alles los, was kommt. Das ist alles.

Manchmal wiederhole ich beim Einatmen »Ich liebe mich selbst«. Manchmal auch nicht. Aber bei jedem Mal lasse ich es mich spüren. Das erweist sich als der wichtigste Teil. Es zu spüren.

Das ist auch eine großartige Methode, um den Dreck und die emotionale Belastung abzubauen, die sich im Laufe des Tages angesammelt haben. Es ist besser, es hier und jetzt von dir abfallen zu lassen, als die Last mit in den morgigen Tag zu tragen.

LXXXVI

In zwei Tagen fliege ich nach New York. Ich stelle mir die Wohnung vor, die ich betreten werde. Ihre Sachen fort. Die Schränke leer. Ich frage mich, wie es sich anfühlen wird, aber wer weiß. Wie auch immer es sein wird, ich weiß bestimmt, dass ich ein großartiger Mann bin, der angefangen hat, sich wieder zu lieben.

Das wird ein neuer Ausgangspunkt sein. Von da an werde ich mich unerschütterlich lieben.

LXXXVII

Ich schaue wieder in Matts Praxis vorbei. Morgen früh fliege ich. Als ich Lisa sehe, gebe ich ihr das Geschenk, das ich ihr mitgebracht habe. Es ist eine Tageslichtlampe, die ich vor Kurzem gekauft habe, mit der die Produktion von Vitamin D angeregt wird. Letzte Woche hatte sie erwähnt, dass sie sich ein Gerät ausgeliehen hatte, das ihr guttat, und dass sie jetzt spare, um sich eins zu kaufen.

»Sind Sie sicher?«, fragt sie und umarmt das Gerät fast. »Kann ich Ihnen nichts dazugeben?«

»Das ist ein Geschenk«, sage ich. »Der Sinn liegt darin, es anzunehmen.«

»Es fällt mir leichter, selbst zu schenken«, sagt sie. »Und nichts anzunehmen.«

»Genau deshalb sollten Sie noch mehr annehmen.«

Ich bin wieder ich selbst. Ich lächele mehr. Gebe. Mir geht es auf so vielfältige Weise besser als vor einem Monat. Mein Herz schmerzt immer noch, aber ein Herz, das so tief liebt, wird beides fühlen. Auch darin liegt Schönheit.

Ich stehe immer noch ganz am Anfang, das weiß ich. Je länger ich mich liebe, umso mehr verstärken sich die Effekte. Aber trotzdem – hätte mein Fortschritt schneller sein können?

Ehrlich gesagt, doch. Ich hätte auf mich selbst hören sollen. Das hätte mich dazu gebracht, mir sofort zu vergeben und meinen Schwur abzulegen. Diese Handlungen haben etwas Besonderes. Sobald du sie ausführst, verändert sich das Leben zu deinen Gunsten.

Aber ich habe es zu lange schleifen lassen. Deshalb ist es keine Überraschung, dass ich mich in meinen Gedanken verheddert hatte, in dem, was schiefgegangen war, statt zu tun, wovon ich wusste, dass ich es tun sollte. In der Beziehung ist der Geist trickreich. Überlässt man ihn sich selbst, stellt er das, was wir am meisten brauchen, an die letzte Stelle.

Aber das ist okay. Ich vergebe mir auch das. Das ist Selbstliebe.

LXXXVIII

Wie also funktioniert das Ganze? Du beschließt, dich selbst zu lieben, und es regnet plötzlich Lotterie-Gewinnscheine auf dich herab und du bleibst auf ewig sorgenfrei? Es ist schöner und differenzierter als das. Das Leben fängt an zu funktionieren. Erfahrungen und Ressourcen, die außer Reichweite waren, finden einen. Ich habe es immer wieder erlebt.

Aber du musst auf sie zugehen. Du musst dahin gehen, wohin sie dich führen. Und wenn du nicht weißt, was du tun sollst, frag einfach, ob du aus Liebe oder aus Angst handelst. Lass es immer Liebe sein.

Außerdem wirst du immer wieder erfahren, wie du innerlich angeschubst wirst. Oft passiert das beim Meditieren. Was du tun sollst, wen du kontaktieren solltest, was du sagen sollst. Hör darauf. Das ist das Leben, das dich lenkt.

Du wirst auch im Umgang mit anderen ehrlich und authentisch. Dein Verstand ist zu wichtig, um sich mit nichtssagenden Gesprächen abzulenken. Du wirst dich dabei ertappen, wie du Dinge aussprichst, die du schon seit Jahren dachtest, aber aus Angst davor, wie der andere es aufnimmt, zurückgehalten hast. Jetzt sagst du diese Dinge mit Güte. Wundere dich nicht, wenn das dennoch manchmal Konflikte verursacht. Denn spannenderweise hebt das deine Beziehungen auf eine ganz andere Ebene.

Mit dieser Echtheit kommt ein besseres Urteilsvermögen, wen du in dein Leben lässt. Du bist dir über die Absichten der anderen im Klaren. Keine Rechtfertigungen, keine Projektionen. Null Entschuldigungen. Denn irgendwann werden diese Absichten dich einholen. Dein Leben ist zu wichtig für schlechte Absichten.

Viele deiner Ängste lassen ganz von selbst nach. Schließlich sind es nur alte Gedankenschleifen. Du beginnst, die halluzinierten Schlangen zu durchschauen. Und wenn du unsicher bist, frag dich, ob der Gedanke aus Liebe oder aus Angst entstand. Das klärt es.

Die größte Veränderung: Du fängst an, loszulassen. Was du dir vorgehalten hast, was du anderen vorgehalten hast. Die Schuld, die Scham, den Schmerz. Das unnötige Leid. Während du die Last fallen lässt, erkennst du die Wahrheit – alles Trugbilder des Gehirns. Übrig bleibst du, neugeboren, wie du dir selbst Liebe gibst. Und damit lebst du weiter.

Zu guter Letzt ertappst du dich dabei, Momente der Dankbarkeit zu haben. Manchmal kommen sie wie aus dem Nichts. Manchmal ergeben sie sich daraus, wie das Leben sich für dich entwickelt.

Erreichst du Vollkommenheit? Nicht, wenn du ein Mensch bist. Aber dir geht es erheblich besser als zuvor. Woran du das erkennst? Simpel, nimm nur deine Gedanken wahr. Und da deine Gedanken dein Schicksal bestimmen, wird die Realität ein Spiegel von dir sein.

Hippokrates sagte: Lass Nahrung deine Medizin sein und Medizin deine Nahrung. So kannst du es abwandeln: Lass Gedanken deine Medizin sein und Medizin deine Gedanken.

LXXXIX

Wenn ich es für euch auf den Punkt bringen sollte, was würde ich sagen?

Ich würde sagen: Wartet nicht, bis ihr es tun müsst. Fangt noch in diesem Moment an. Setzt alles daran, um euch selbst zu lieben.

Als Erstes: Vergebt euch. Damit macht ihr reinen Tisch. Als Nächstes: Legt den Schwur ab. Er ist eine Erklärung an euch selbst und an das Leben des Menschen, der ihr sein werdet. Dieser Akt an sich ist ein entscheidender Moment. Danach tut alles, um den Schwur einzuhalten. Geht auf die Liebe zu, und im Gegenzug wird das Leben auf euch zugehen.

Ich würde außerdem sagen: Lasst es nicht schleifen. Ganz gleich, wie gut es wird, ganz gleich, welche Ausreden das Gehirn hervorbringt, lasst es nicht schleifen. Setzt immer wieder alles daran.

Dann würde ich noch eins sagen: Gebt weiter, was ihr gelernt habt. Wenn ihr eure Erfahrung teilt, geht es nicht nur euch, sondern auch der Welt besser. So einfach ist das.

XC

Ein regnerischer Morgen in San Francisco. Meine Taschen sind gepackt, die Wohnung ist sauber. Es ist Zeit, zum Flughafen zu fahren. Ich fülle meine Tasse mit Wasser und gehe ein letztes Mal zu den Pflanzen. Was ich sehe, bringt mich zum Lächeln. An der großen Pflanze, zwischen den tot aussehenden Zweigen, wachsen zwei wunderschöne hellgrüne Blätter. Beide aus derselben Stelle, wie ein Herz, das sich entfaltet.

Ich stehe eine Weile dort und bewundere sie. Wenn man Liebe gibt, kommt das Leben zurück.

VON KAMAL

Wenn dir dieses Buch geholfen hat, besprich es bitte und empfiehl es weiter. Das wird ihm helfen, seinen Weg zu den Menschen zu finden, die es brauchen. Das würde mir viel bedeuten. Danke.

Und bitte mailt mir ruhig unter k@founderzen.com.